Die Angaben in den Münchner Schnäppchen-Tipps basieren auf dem Stand Frühjahr 2003 und wurden sorgfältig recherchiert und dokumentiert. Verlag und Autoren können jedoch keine Haftung für Richtigkeit, Vollständigkeit und Aktualität der Angaben übernehmen. Selbstverständlich haften wir auch nicht für die juristische Unbedenklichkeit der Angebots- bzw. Preisgestaltung der aufgenommenen Anbieter. Irrtümer vorbehalten!

Die Autoren freuen sich über Verbesserungsvorschläge und neue Tipps!

Postfach 190805, 80608 München
www.schnaeppchen-tipps.de
eMail: info@schnaeppchen-tipps.de

3. Ausgabe 2003
Titelblatt: © Völkl und Gläser
Satz: Gramma GmbH, Germering
Druck: Legoprint, Lavis (TN)

Printed in Italy

ISBN 3-9805566-6-2

H.-W. Schuster / S. Völkl

Münchner Schnäppchen-Tipps

Topaktuell über 800 Tipps:

- Fabrikverkauf
- Gastronomie
- Einzelhandel
- Dienstleistungen
- Freizeit
- Kultur

Eine Bitte

Machen auch Sie bei der nächsten Ausgabe der Münchner Schnäppchen-Tipps mit!
Teilen Sie uns Veränderungen in den Angeboten bzw. neue Adressen in dem von uns verstandenen Sinn mit!
Unter den Einsendungen verlosen wir Exemplare der nächsten Ausgabe unserer Münchner Schnäppchen-Tipps.
(Der Rechtsweg ist ausgeschlossen.)

Bitte schreiben Sie an:

Verlag Schuster und Völkl GbR
Postfach 190805
80608 München

www.schnaeppchen-tipps.de

eMail: info@schnaeppchen-tipps.de

Inhalt

Vorwort

Die Resonanz auf die beiden letzten Auflagen unserer *Münchner Schnäppchen-Tipps* war hervorragend. Wir sind sicher, dass auch diese Ausgabe erneut auf die Bedürfnisse unserer Leserschaft zugeschnitten ist.

Alle Angaben dieser wieder sehr vielfältigen Ausgabe sind auf den aktuellen Stand gebracht und durch mehr als 350 neue Anbieter ergänzt. Im ersten Kapitel ›Fabrikverkauf und Einzelhandel‹ haben wir auf Wunsch unserer Leser besonders attraktive Tipps aus dem südlichen Bayern aufgenommen. Wir sind der Meinung, dass auch hier die Fahrtkosten in einem vernünftigen Verhältnis zur Ersparnis stehen.
Insgesamt sind jetzt mehr als 800 Anbieter vertreten.
Ansonsten wurde der bewährte Aufbau beibehalten; soweit vorhanden und zweckmäßig haben wir als zusätzlichen Service die Internet-Adresse hinzu gefügt.

Wir wünschen unseren Leserinnen und Lesern viel Spaß und Erfolg bei ihrer Schnäppchenjagd!

Verlag und Autoren

Vorwort zur 2. Ausgabe

Schnäppchenjäger gelten heute als clevere Verbraucher. Auch die Werbeagenturen haben mittlerweile diesen ›smart customer‹ als neuen, immer bedeutenderen Verbrauchertyp entdeckt. Die Suche nach Schnäppchen liegt ohne Zweifel im Trend. Selbst bei Besserverdienenden ist es ›in‹, hohe Qualität möglichst preiswert einzukaufen – und zwar ohne großen Zeitwand für das Ausfindigmachen von Angeboten.
Der Großraum München, der im Mittelpunkt dieses Ratgebers steht, gehört zu den teuersten Pflastern Deutschlands. Um so häufiger stellen sich deshalb immer mehr Münchner die Frage, wo sie Produkte und Dienstleistungen zu einem wirklich günstigen Preis-/Leistungsverhältnis erstehen können.

Vorwort

Für den Kauf dieser Schnäppchen ist es unserer Meinung nach wichtig, daß Fahrtzeit und -kosten in einem vernünftigen Verhältnis zur Ersparnis stehen. Deshalb beziehen sich unsere Tipps überwiegend auf München und zum Teil auf die angrenzende Region.

Die *Münchner Schnäppchen-Tipps* schaffen erstmalig einen Überblick im Dschungel preiswerter Angebote.

- Sie finden in diesem Buch zahlreiche Fabrik- und Lagerverkäufe, Kollektions- und Musterteile sowie Schnäppchen aus den Bereichen Bekleidung, Einrichtungsbedarf, Elektrogeräte, Lederwaren, Sportartikel und Kosmetik etc..

- Nicht zu vergessen sind auch viele Dienstleistungen — zum Beispiel Autoreparatur, Friseure, Kosmetikinstitute, Sonnenstudios, Personenbeförderung – sowie einige Güter des täglichen Bedarfs, insbesondere Nahrungsmittel.

- Hier geht es oft um Sparmöglichkeiten im Alltag. Die einzelne Summe mag gering sein, aber mit der Zeit kommt hier einiges zusammen: auch Kleinvieh macht Mist. Zudem haben wir für Sie einige attraktive Möglichkeiten zusammengestellt, über Mitgliedschaften teilweise sehr beachtliche Vergünstigungen zu erhalten.

- Völlig neuartig gegenüber den herkömmlichen Ratgebern ist, daß Preisnachlässe enthalten sind, die nur zu speziellen Zeiten gelten – am bekanntesten dürfte die Cocktail-Happy-Hour sein. Im Gastronomiebereich haben wir zahlreiche dieser preisgünstigen Angebote für Sie ermittelt, die zu bestimmten Zeiten oder an ausgewählten Tagen gültig sind. Der flexible Verbraucher findet aber auch anderswo derartige ›Schnäppchen auf Zeit‹ – etwa bei Brot- und Backwaren, Sonnenstudios, Kinos usw..

- Erstmalig erhalten Sie auf einem Blick die zahlreichen kostenlosen Münchner Freizeit- und Kulturangebote (z.B. Museen, Konzerte und Veranstaltungen, diverse Open-Air-Ereignisse). Hier besteht eine weitere Gelegenheit, das knappe Haushaltsbudget zu entlasten. Die positiven ökologischen Effekte aufgrund kürzerer Anfahrten sind dabei keinesfalls zu unterschätzen!

Hinweise zum Gebrauch

Die einzelnen Angebote sind in alphabetischer Reihenfolge unter fünf Münchner Stadtgebieten (Mitte, Nord, West, Süd, Ost) sowie München-Region (überwiegend nur für Fabrik- und Lagerverkauf) zu finden. Wir haben die Stadt in folgende fünf Gruppen von Postleitzahlenbereichen geteilt:

Mitte	Nord		West		Süd		Ost	
80331	80796	80809	80634	80689	81369	81477	81667	81737
80333	80797	80933	80636	81241	81371	81479	81669	81739
80335	80798	80935	80637	81243	81373	81539	81671	81825
80336	80799	80937	80638	81245	81375	81541	81673	81827
80337	80801	80939	80639	81247	81377	81543	81675	81829
80339	80802	80992	80686	81249	81379	81545	81677	81925
80469	80803	80993	80687		81475	81547	81679	81927
80538	80804	80995			81476	81549	81735	81929
80539	80805	80997						
	80807	80999						

Hinweise zur Auswahl der Angebote

Wir konnten nur jene Firmen berücksichtigen, die ihre Angebote nach eigenem Bekunden längerfristig aufrecht erhalten. Das heißt beispielsweise, dass Schlussverkäufe, Jubiläums-Nachlässe, Sonder-Aktionen o.ä. hier nicht vertreten sind.
Leider ist es möglich, dass sich Öffnungszeiten, Angebote, Preisnachlässe, Warensortimente etc. ändern. Bitte haben Sie dafür Verständnis!

1 Einzelhandel und Fabrikverkauf

München-Mitte

Deutsche Meisterschule für Mode
Roßmarkt 15
80331 München
☎ 089/233-23497

Extravagante Abendkleider und Designermode (Kostüme, Kleider, Röcke etc.) von Modeschülern gefertigt zu Schnäppchenpreisen. Leider werden die Kollektionsteile nur für schlanke Frauen gefertigt. Die Kleider wurden einmal auf den Modeschauen getragen. Preis: Material- und Verwaltungskosten.

! In den Ferien und bei Modeschauen geschlossen! Am besten Termin vereinbaren!

Mo.-Do. 7.30-12 Uhr, 13-16 Uhr, Fr. 7.30-13 Uhr

Die Fundgrube
Herzogspitalstr. 1
80331 München
☎ 089/2603103

Hier gibt es überwiegend Auslaufmodelle, aber auch 2. Wahl-Jeans mit kleinen Fehlern günstiger. Die Preisermäßigung variiert je nach Fehler.

Mo.-Fr. 11-18 Uhr, Sa. 9.30-14 Uhr

Die Zentrale
Theresienstr. 60
80333 München
☎ 089/27779901

Lagerverkauf 50 % Ersparnis auf ausgezeichnete Originalpreise: Damen- und Herrenbekleidung, Schuhe; letzte und auslaufende Saison, Einzelteile aus der aktuellen Ware.

Mi.-Fr. 11-20 Uhr, Sa. 11-16 Uhr

Eggeringhaus Outlet
Theresienstr. 42
80333 München
☎ 089/283972

Designerkleidung für Damen und Herren der letzten Saison, zum Teil auch Kollektionsteile der auslaufenden Saison.

Mo.-Fr. 12-19 Uhr, Sa. 10-14 Uhr

Ginger Moden
Helga Baur
Am Einlaß 3 a
80469 München
☎ 089/266309

Kollektionsverkauf viermal im Jahr; hochwertige Designer-Mode für Damen stark reduziert.

Termine telefonisch erfragen oder in die Kundenkartei aufnehmen lassen, die Einladung wird dann zugeschickt!

Italian Stock House
Sendlinger Str. 54
80331 München
☎ 089/26023350

Outlet: Designerkleidung für Damen und Herren der letzten sowie der aktuellen Saison.

Mo.-Fr. 10-20 Uhr, Sa. 10-16 Uhr

München-Mitte

Mühlhäuser
Lagerverkauf

Josephspitalstr. 7
80331 München
☎ 089/269068

- Lagerverkauf: nur Ware der letzten oder der vorletzten Saison. Auslaufmodelle bis zu 70 % reduziert.
- Mo.-Fr. 11.30-13.30 Uhr, 14-17.30 Uhr

Outlet Stoffe

Schwanthalerstr. 83
80336 München
☎ 089/54456141

- Lagerverkauf von Reststoffen.
- Mo.-Fr. 10-18.30 Uhr, Sa. 10-16 Uhr

Praid

Oettingenstr. 29
80538 München
☎ 089/21938781

- Outlet labels for less; internationale Designermode für Sie und Ihn zu sehr günstigen Preisen.
- Mo.-Fr. 10-19 Uhr, Sa. 10-14 Uhr

1.1 Bekleidung

München-Mitte

Tempelhof
Second- & First Hand

Reichenbachstr. 41
80469 München
☎ 089/20206444

🛈 Kollektionsteile, und Musterstücke der vergangen Saison, hauptsächlich Dessous, Bademode sowie Nachtwäsche bekannter Marken wie Ralph Lauren, Joop, Escada, Elle etc.. In erster Linie für schlanke Frauen mit den Größen 36/38!

🕘 Mo.-Fr. 13-19 Uhr, Sa. 13-16 Uhr

Triumph

Marsstr. 4
80335 München
☎ 089/ 511180

🛈 Herstellerverkauf: Unter- und Nachtwäsche für Damen und Herren sowie Bademoden; zum Teil Ware mit kleinen Fehlern.

🕘 Mo.-Fr. 10-12 Uhr, 14.30-17.30 Uhr

München-Nord

Avantgarde
Designer Outlet

Siegesstr. 30
80802 München
☎ 089/3838720

🛈 Verkauf von Kollektions- und Musterteilen von Designern.

🕘 Mo.-Fr. 12.30-19 Uhr, Sa. 11-16 Uhr

Kollektions-verkauf
Schneider-Götz

Augustenstr. 100
80798 München
☎ 089/524472

🛈 Designer-Musterteile von Messen und Modenschauen, sehr günstig, z.B. Versace, Armani, Nice Connection.

🕘 Mo.-Fr. 10-18.30 Uhr, Sa. 10-14 Uhr

Diebra
Textilhandel

Osterwaldstr. 10
80805 München
☎ 089/364230

🛈 Kollektionsverkauf von Damen- und Herrenbekleidung.

🕘 Mo.-Fr. 11-18 Uhr (unregelmäßig) Am besten vorher anrufen!

Hallhuber

Taunusstr. 49
80807 München
☎ 089/3562410

🛈 Lagerverkauf: Musterteile, Überhänge, Vorjahressaison, Restmengen 30-50 % günstiger.

! Auch in Parsdorf, 089/90476522, Mo.-Fr. 10-19 Uhr, Sa. 9-16 Uhr!

🕘 Mo., Di. 11-18.30 Uhr, Mi.-Fr. 11-20 Uhr, Sa.10-16 Uhr

München-Nord

Keil
Modemagazin

Riesenfeldstr. 75 Rgb.
80809 München
☎ 089/3513033

🛈 Lagerverkauf: hochwertige Marken-Modelle für Damen sowie Jacken und Mäntel aus Loden für Damen und Herren; Kollektionsteile, aktuelle Ware; ca. 50 % Preisersparnis.

🕘 Di.-Fr. 9-17 Uhr, Bei tel. Terminvereinbarung auch länger.

L-F-Outlet
Triebstr. 36-38
80993 München
☎ 089/149008-28

🛈 Verkauf auf dem Gelände der Lodenfrey-Verwaltung: Einzelstücke und Restposten aus Designer- und Markenkollektionen für Damen und Herren; außerdem Loden- und Trachtenmode, Kinderbekleidung bis Gr. 128.

! Bitte beachten Sie die Anzeige auf S. 10!

🕘 Mo.-Fr. 9.30-18 Uhr, Sa. 9.30-16 Uhr, Adventssamstage bis 18 Uhr

---

Manda
Outlet Store

Hohenzollernstr. 86
80769 München
☎ 089/30756873

🛈 Outletstore für Jeans, Pullover, Jacken etc..

🕘 Mo.-Fr. 10-19 Uhr, Sa. 10-16 Uhr

Oui Gruppe
Moosacher Str. 26 a
80809 München
☎ 089/35481-0

🛈 Werksverkauf von Damenoberbekleidung; Kollektionsteile und aktuelle Ware. Junge Markenmode im mittleren Preissegment, Größen 34-46.

🕘 Ca. alle 6-8 Wochen, Dauer ca. 1 Tag. Vorher anrufen und genauen Termin erfragen!

Wave Board
Frankfurter Ring 255
80807 München
☎ 089/99755210

🛈 Factory Outlet Store: American Sportswear direkt vom Hersteller zu sehr günstigen Preisen. Sommer- und Winterware, z.B. Ski- und Snowboardkleidung, Funktionsjacken, Regenjacken, Bade- und Freizeitmoden.

! Weitere Filiale: Rosenheim, Klepperstr. 18, 08031/14024, Mo.-Fr. 9.30-18.30 Uhr, Sa. 9.30-16 Uhr.

🕘 Mo.-Fr. 10-19 Uhr, Sa. 10-16 Uhr

München-West

Fabrikreste Pasing
Bäckerstr. 2
81241 München
☎ 089/82085404

- Jeans, Sweat-Shirts, T-Shirts, Jeans-Hemden, Ware der aktuellen und letzten Saison, 2. Wahl günstiger.
- ! Weitere Filiale: 82024 Taufkirchen, Eschenstr. 50, 089/6126728, Mo.-Fr. 9.30-18.30 Uhr, Sa. 9-13 Uhr!
- Mo.-Fr. 9-19 Uhr, Sa. 9-16 Uhr

Factory Outlet
Irmonherstr. 1
81241 München
☎ 089/89669627

- Markenwaren-Kollektions- und Lagerverkauf, Restbestände, Einzelteile im Bereich Damenoberbekleidung und Accessoires.
- Mo.-Fr. 10-19 Uhr, Sa. 10-16 Uhr

Golf & Dress
Walter Genuin
Zschokkestr. 36
80687 München
☎ 089/54779799

- Verkauf von Golf- und Après-Golf-Bekleidung für Damen und Herren: Hosen, Jacken, Westen, Windcheater, Polos etc. sowie Golf- und Straßenschuhe (Muster- und Kollektionsteile sowie 2. Wahl; keine aktuelle Ware).
- Termin einmal im Jahr Ende November und nach Terminvereinbarung!

Hannelore Scherer
Albrechtstr. 32
80636 München
☎ 089/188977

- Herstellerverkauf von Hemden, Stoffen, Blusen, Tischwäsche, Krawatten und Werbegeschenken.
- Mo., Mi., Fr. 14-19 Uhr oder nach Terminvereinbarung!

München-Süd

Inflagranti
Am Hollerbusch 18
81547 München
☎ 089/69394070

- Designer Outlet: Italienische Designermode für Damen und Herren sehr günstig.
- Mo.-Fr. 10.30-12.30, 15-18.30 Uhr, Sa. 10.30-13 Uhr

Offlet
Forstenrieder Allee 184
81476 München
☎ 089/75079156

- Kollektions- und Musterteile sowie Second Season von Designer-Marken wie Prada, Calvin Klein etc.: Bekleidung, Schuhe, Accessoires für Damen und Herren.
- Mo., Di., Do., Fr. 12-19 Uhr, Sa. 10-14 Uhr

Replay
Hofmanstr. 7a
81379 München
☎ 089/72499703

- Factory Outlet: sportliche Mode wie Jeans, Pullover, Sweatshirts, T-Shirts etc. Second Season, Kollektionsteile.
- Mo.-Fr. 10.30-19 Uhr, Sa. 10-16 Uhr

München-Süd

Roeckl
Steinerstr. 5-9
81369 München
☎ 089/72969-0

🛈 Herstellerverkauf einmal im Jahr, Anfang Januar (2. Januarwoche). Leder-, Sport-, Rad-, Golf-, Skihandschuhe etc.; Lagerüberhänge, Musterhandschuhe, 1b-Ware; ca. 50 % billiger.

! In die Kundenkartei eintragen lassen; Termin wird dann mitgeteilt!

🕘 Ende des Jahres anrufen und den genauen Zeitpunkt erfragen!

München-Ost

elho
Stahlgruberring 16
81829 München
☎ 089/42091-0

🛈 Werksverkauf: Ski-, Regenbekleidung und Sportswear; 2. Wahl, Kollektionsteile, Musterteile aus der aktuellen Ware.

🕘 Mi.-Fr. 12.30-18 Uhr

www.elho.de

München-Region

Etienne Aigner
Parsdorfer Weg 10
85551 Kirchheim-Heimstetten
☎ 089/991901-70

🛈 Herstellerverkauf: Komplettes Aigner-Programm wie Fashion, Lederwaren, Schuhe, Accessoires; Kollektions- und Musterteile, auch aktuelle Ware. Weiterer Verkauf von Aigner-Produkten im 2. Wahl Shop, 80333 München, Amalienstr. 19, 089/281715, Mo.-Fr. 9.30-18 Uhr, Sa. 10-13 Uhr.

🕘 Mi.-Fr. 14-19 Uhr, Sa. 10-16 Uhr

www.aignermunich.com

ARA
Outlet Store

Dieselstr. 11
85757 Karlsfeld
☎ 08131/908219

🛈 Verkauf von Markenmode (ARA, Fink, Mario Rosella, Bremer) zu günstigen Preisen. Weitere Filiale: 85579 Neubiberg, Arastr. 2, 089/60018-234, Mo.-Fr. 13-19 Uhr, Sa.10-13 Uhr.

🕘 Mo.-Fr. 14-19 Uhr, Sa. 10-14 Uhr

Bäumler
Friedrich-Ebert-Str. 86-90
85055 Ingolstadt
☎ 0841/5050

🛈 Fabrikverkauf von Markenmode für Damen und Herren, u.a. Herrenbekleidung der Marke Louis Feraud; Anzüge, Sakkos, Hemden, Sportswear, Jeans etc..

🕘 Mo.-Fr. 9-18 Uhr, Sa. 9-16 Uhr

1.1 Bekleidung

München-Region

Eddie Bauer
Wettersteinstr. 1
82024 Taufkirchen
☎ 089/614479-0

Lagerverkauf: Amerikanische Sportswear für Damen und Herren, Freizeit- und Outdoor-Bekleidung sowie Schuhe; Artikel der letzten Saison.

3-4 mal im Jahr 3 Tage geöffnet. Genauen Termin erfragen, man kann sich in die Kundenkartei eintragen lassen und wird dann angeschrieben.

Ludwig Beck
Heimstettener Str. 1
85599 Parsdorf
☎ 089/90476067

Lagerverkauf: Damen-, Herren- und Kinderbekleidung der Vorjahressaison.

Mo.-Fr. 10-19 Uhr, Sa. 9-16 Uhr

www.lagerverkauf-parsdorf.de

Berwin & Wolff
Trachten

Anzinger Str. 8
85560 Ebersberg
☎ 08092/82430

Fabrikverkauf von Trachten- und Landhausmode für Damen und Kinder sowie Stoffe, Spitzen und Kurzwaren - zweite Wahl.

Jeden 2. Mi. 8-11 Uhr

Big Deal
Liebigstr. 2
85301 Schweitenkirchen
☎ 08444/91353

Lagerverkauf vor allem von Jeans, Sweatshirts, T-Shirts etc. (diverse Marken).

Mo.-Fr. 11-19 Uhr, Sa. 10-16 Uhr

Bogner Extra
Am Werbering 5
85551 Heimstetten
☎ 089/433606-670

Lagerverkauf: Sonia Bogner Kollektion, Men's Wear, Fire-and-ice- und Sportkollektion, Accessoires bis zu 50 % unter dem Ladenpreis, Auslaufware und Sonderposten, 1. und 2. Wahl, Vorjahressaison.

Mo.-Fr. 10-18 Uhr, Sa. 10-16 Uhr

Casabella
Münchner Str. 11
82256 Fürstenfeldbruck
☎ 08141/356357

Kollektionsverkauf exklusiver Designermoden zu günstigen Preisen; nicht immer alle Größen vorrätig, überwiegend kleinere Größen.

Mo.-Fr. 9.30-18 Uhr, Sa. 9.30-13 Uhr

München-Region

Chiemsee-Shop
Graimelstr. 28
83246 Übersee
☎ 08642/5039

Fabrikverkauf: Kollektions- und Musterteile, 2. Wahl, Artikel der Vorjahressaison der Firma Chiemsee, für Damen, Herren und Kinder, wie z. B. Jeans, Jacken, Hemden, Sweatshirts etc. günstiger.

Mo., Mi., Fr. 16.30-18 Uhr, Sa. 9.30-11 Uhr

Comazo
Strassäcker 19
82418 Murnau
☎ 08841/628540

Herstellerverkauf: Funktionswäsche für Damen, Herren und Kinder (Öko-Test: sehr gut)! Weitere Filiale: 87527 Sonthofen, Bahnhofstr. 22, 08321/619650.

Mo.-Fr. 9-18 Uhr, Sa. 9-13 Uhr

Cordello
Brunnenweg 3
82229 Hechendorf/Seefeld
☎ 08152/99030

Fabrikverkauf von Accessoires wie Tücher, Schals, Gürtel und Krawatten.

Mi.-Fr. 13.30-18.30 Uhr, Sa. 10-14 Uhr

www.cordello.de

Country Line
Trachtenmoden
Herrnbergstr. 6
84428 Buchbach
☎ 08086/9301-30

Werksverkauf: Trachtenmode für Damen, Herren und Kinder; 1. und 2. Wahl, nicht immer alle Größen vorrätig.

Mo.-Do. 9-17 Uhr, Fr. 9-18 Uhr

Daller Tracht
Georg-Rückert-Str. 72
82398 Polling
☎ 0861/479778

Trachten direkt vom Hersteller; großes Angebot an Überhängen, 2. Wahl und Auflaufmodelle.

Anfang Juli bis Ende Oktober Di., Fr. 10-17 Uhr sowie 4 mal im Jahr. Genauen Termin erfragen!

www.daller-tracht.de

Diering
Kirchbergstr. 23
86157 Augsburg
☎ 0821/521000

Fabrikverkauf: Bettwäsche, Handtücher, Unterwäsche (Mey, Triumph) für Damen, Kinder und Herren; für Kinder auch Oberbekleidung.

Mo.-Fr. 10-18 Uhr, Sa. 10-13 Uhr

1.1 Bekleidung

München-Region

DSI
Aubinger Weg 55
82178 Puchheim
☎ 089/807737

Lagerverkauf hochwertiger Sportbekleidung namhafter Hersteller (ausschließlich Artikel 2. Saison, 2. Wahl oder Musterkollektionsteile für Damen überwiegend in kleineren Größen, sehr günstig).

Mi., Fr. 12-19 Uhr, Sa. 10-14 Uhr

Euromoda
Spörerau 5
85368 Wang
☎ 08709/263472

Outlet: sportliche Damenoberbekleidung, Marken wie Vero Moda, HIS, Tom Tailor, only etc., Second Season, Überhänge. Weitere Filialen: 84028 Landshut, Silbernagelpassage 16, 0871/21090; 84030 Ergolding, Industriestr. 16, 0871/78539, Mo.-Mi. 9-18 Uhr, Do., Fr. 9-19 Uhr.

Mo.-Fr. 9.30-19, Sa. 9-16 Uhr

Fabri
Outlet Store
Lena-Christ-Str. 44
82152 Planegg
☎ 089/89329671

Outlet für Herrenbekleidung; nicht immer alle Größen vorhanden!

Mo.-Fr. 10-20 Uhr, Sa. 9-16 Uhr

Fjällräven
Einsteinstr. 14
85716 Unterschleißheim
☎ 089/324635-0

Herstellerverkauf: Funktionskleidung für den Sport; Outdoorjacken und -hosen, Fleecekleidung, Microfaser. Zweimal im Jahr immer am Ende der Saison, ca. Juni/Juli und Dezember.

Termin erfragen! Ort des Lagerverkaufs kann sich ändern!

www.fjaellraeven.de

F-O-C
Fashion Outlet Center
Ettalerstr. 1
82490 Farchant
☎ 08821/685830

Herstellerverkauf: Damen-, Herren- und Kinderoberbekleidung, sportliche Mode, Blusen, Jeans, Röcke, Hosen Kombinationen, Schuhe, Taschen; Katalogmode, Alba Moda Shop exklusiv in Südbayern, bis zu 70 % Preisvorteil zum Katalogpreis.

! Bitte beachten Sie die Anzeige auf S 21!

Mo.-Fr. 10-18 Uhr, Sa. 10-14 Uhr

Hartmann
Färberstr. 17
83022 Rosenheim
☎ 08031/400060

Lagerverkauf: hochwertige Walkstoffe in dünnerem und dickem Walk.

Di. 8-12 Uhr, Fr. 8-16.30 Uhr

München-Region

Hofana Moden Auf der Lach 9 91788 Pappenheim ☎ 09143/6404	🛈 Lagerverkauf: hauptsächlich Damenoberbekleidung von Mondi aber auch andere, wie z.B. Mäser. 🕘 Mo.-Fr. 10-16 Uhr, Sa. 10-14 Uhr www.hofana.de
Isartaler Handschuhfabrik Richard-Wagner-Str. 94-96 82538 Geretsried ☎ 08171/31264	🛈 Fabrikverkauf: Handschuhe der unterschiedlichsten Art wie Straßen-, Ski-, Rad-, Leder-, Strickhandschuhe, Mützen; 2. Wahl, Überproduktion. 🕘 Mo.-Fr. 9-12 Uhr, Mo.-Do. 14-16 Uhr
Köhler Modelle Hauptstr. 17 85395 Attenkirchen ☎ 08168/294	🛈 Lagerverkauf: Landhausmoden eigener Modelle; Musterkollektion, Vorjahresmodelle, Restposten, hauptsächlich 1a-Ware; ca. 50 % Preisersparnis. 🕘 Mi. 8-12 Uhr, 13-18 Uhr, Fr. 8-14 Uhr

München-Region

Kunert
Trettachstr. 2
87719 Mindelheim
☎ 08261/1261

🛈 Fabrikverkauf: Feinstrumpfhosen, Strümpfe für Damen und Herren, Oberbekleidung für Herren von Burlington; Musterteile, aktuelle Ware, 2. Wahl.

🕘 Mo.-Do. 8.30-16.15 Uhr, Sa. 8.30-13.30 Uhr

Lagerverkauf Eching
Freisingerstr. 29
85386 Eching

🛈 Lagerverkauf von Top Marken für Damen, Herren und Kinder, wie T-Shirts, Jeans, Wäsche, Schuhe, Accessoires und Taschen zu sehr günstigen Preisen.

🕘 Termine stehen auf der Homepage! In die Kundenkartei eintragen, man wird dann eingeladen!

www.lagerverkauf-eching.de

Rena Lange
Ammerthalstr. 19
85551 Heimstetten
☎ 089/90939110

🛈 Second Season von Rena Lange: nur die Kollektionsteile des Vorjahres, Schuhe, Taschen und Gürtel, z.T. auch 2. Wahl.

🕘 Do. 12-20 Uhr, Fr. 10-18 Uhr, Sa. 10-16 Uhr

Laufer
Kinderbekleidung

An der Kälberweide 12
82299 Türkenfeld
☎ 08193/8004

🛈 Herstellerverkauf: Kinderbekleidung (Größe 74 -176); aktuelle und 1b-Ware, Musterteile; 20-40 % billiger.

🕘 Di.-Do. 9-18 Uhr

Lederhos'n Macherei
Glonner Str. 14
85640 Putzbrunn
☎ 089/464646

🛈 Trachtenlederhosen aus eigener Herstellung für Damen, Herren und Kinder sehr günstig.

🕘 Mo.-Fr. 16-20 Uhr, Sa. 10-14 Uhr

Lembert Hüte
Haunstetter Str. 49
86161 Augsburg
☎ 0821/259900

🛈 Fabrikverkauf: alle Arten von Hüten.

🕘 Mo.-Do. 6-15 Uhr

Litza
Freizeitmoden

Siedlerstr. 6
85614 Kirchseeon
☎ 08091/2017

🛈 Fabrikverkauf: Walkjanker für Damen und Herren sowie Strickwaren sehr günstig, ca. 50 % Ersparnis.

🕘 Mo.-Fr. 9-12 Uhr und 13-17 Uhr

München-Region

Litzlfelder Rudolf
Strickmoden

Gutenbergstr. 16
85646 Anzing
☎ 08121/40071

Trachtenmoden aus eigener Herstellung für Damen, Herren und Kinder.

Mi., Do., Fr. 14-18 Uhr, Sa. 9-12 Uhr

Madiesa

Hohenlindner Str. 48 a
85622 Feldkirchen
☎ 089/9038052

Lagerverkauf von Braut- und Abendkleidern sowie Herrenabendanzügen.

Fr. 16-18 Uhr, Sa. 10-14 Uhr und nach Vereinbarung!

Mamut
Strickmoden

Westerhamer Str. 10
83620 Feldkirchen-Westerham
☎ 08063/97020

Lagerverkauf: Damenoberbekleidung, Pullover, T-Shirts etc., 1. und 2. Wahl.

Mo.-Fr. 9-18 Uhr

1.1 Bekleidung

München-Region

Marc O'Polo
Lena-Christ-Str. 46
82152 Martinsried
☎ 089/8576895

Fabrikverkauf: Second Season, zum Teil auch Musterteile; Hochwertiges günstig (Jeans, Pullover, T-Shirts, Sweat-Shirts, Hemden).

Mo.-Fr. 10-20 Uhr, Sa. 10-16 Uhr

www.marc-o-polo.de

More + More Store
Carl-von-Linde-Str. 32
85716 Unterschleißheim
☎ 089/31770508

Werksverkauf: Ware der letzten Saison oder Überhänge; Damenoberbekleidung aus den firmeneigenen Shops zu günstigen Preisen. Weitere Filiale mit größerer Auswahl: 82319 Schorn/Starnberg, 08151/365-0, Mi.-Do. 13-19 Uhr, Fr. 10-19 Uhr, Sa. 10-14 Uhr.

Mo.-Fr. 9-18 Uhr, Sa. 9-15 Uhr

Moschen Bayern
Rudolf-Diesel-Str. 6
86842 Türkheim
☎ 08245/1571

Herstellerverkauf: Landhausmode, Strick- und Walkwaren.

Mo.-Fr. 14-18 Uhr, Sa. 9-13 Uhr

Outlet-Store
Sport-Freizeit-Bekleidung
Topmarken zu Superpreisen
Gruber Str. 9
85599 Parsdorf
☎ 089/94468586

Sportbekleidung je nach Saison; Ski-, Snowboard-, Fitness-, Outdoor-, Fahrrad-, Lauf- und Badekleidung sehr günstig; Restposten, Musterkollektion, Einzelteile etc..

! Bitte beachten Sie die Anzeige auf Seite 23!

Mi., Do., Fr. 12-19 Uhr, Sa. 9-16 Uhr, verkaufsoffene Sonntage 2003:18.05., 10.08.,14. 09., 09.11.

www.outlet-store-parsdorf.de
email: outlet-store-parsdorf@web.de

Palmers
Heimstettener Str. 1
85599 Parsdorf
☎ 089/90901183

Lagerverkauf: Nacht- und Unterwäsche für Damen der Vorjahressaison, 2. Wahl.

Mo.-Fr. 10-19 Uhr, Sa. 9-16 Uhr

www.lagerverkauf-parsdorf.de

Pullacher Bekleidungswerk
Neuchingerstr. 14
85452 Moosinning
☎ 08123/1021

Fabrikverkauf: Kinderbekleidung, Markenartikel, ca. 50 % Ersparnis.

Mo.-Do. 9-12 Uhr, 12.30-16 Uhr oder nach Terminvereinbarung

München-Region

Rosner
Schölnhammerstr. 25
85055 Ingolstadt
☎ 0841/5010

Fabrikverkauf: Hochwertige Bekleidung für Damen, Herren und Kinder; Hosen, Röcke, Blusen, Kleider, Kostüme, Pullover, Anzüge, Blazer, Hemden etc.; aktuelle Ware und der letzten Saison; 1. und 2. Wahl.

Mo.-Fr. 9-18 Uhr, Sa. 9-16 Uhr

www.rosner.de

Senz
Strickwarenfabrik

Pettendorfer Str. 29
83250 Marquartstein
☎ 08641/8765

Herstellerverkauf: hochwertige Strickwaren für Damen und Herren. Weitere Filiale: 82324 Ruhpolding, Hauptstr. 43, 08663/800939; 83343 Bad Reichenhall, Salinenstr. 2, 08651/69258.

Mo.-Fr. 9-12 Uhr; 14-17 Uhr; Sa. 9-12 Uhr

Stalf
Hans-Stießberger-Str. 3
85540 Haar
☎ 089/462397-10

Lagerverkauf: Damenoberbekleidung der Marke Stalf, Ware zum Teil mit kleinen Fehlern.

Mo.-Fr. 10-13 Uhr, 14-18 Uhr

Steinebronn
Rotwandweg 5 a
82024 Taufkirchen
☎ 089/622312-10/23

Lager- und Kollektionsverkauf von funktioneller Sport- und Freizeit-Mode, sowie Ski- und Golf-Bekleidung.

Do., Fr. 12-18 Uhr, Sa. 10-14 Uhr

Strenesse
Gewerbestr. 10-14
86720 Nördlingen
☎ 09081/8070

Fabrikverkauf: gehobene Damenoberbekleidung, Kollektions-, Musterteile, Ware aus Überproduktion, Vorjahressaison, auch 2. Wahl.

Di, Mi. 10-18 Uhr, Do, Fr. 10-20 Uhr, Sa. 9-16 Uhr

www.strenesse.com

S.W.A.L.
Zugspitzstr. 90
82467 Garmisch-Partenkirchen
☎ 08821/908767

Lagerverkauf von Sportswear für Damen, Herren und Kinder.

Mo.-Fr. 10-18 Uhr, Sa. 10-14 Uhr

München-Region

Taubert Textil
Ismaninger Str. 1
85356 Freising
☎ 08161/98880

Herstellerverkauf: Damen- und Herrenbademäntel, Badekleidung, Jogging-Anzüge, junge Mode, sportliche Herrenbekleidung; Winter: Ski-, Snowboard-, Strick- und Leder-Handschuhe etc..

! Bitte beachten Sie die Anzeige auf S. 27!

Mo. und Fr. 14-18 Uhr

Trachten Lagerverkauf
82110 Nebel/Germering
☎ 089/84060716

Trachtenlagerverkauf aus eigener Produktion, Trachten- und Landhausmode für Damen, Herren und Kinder.

Mi.-Fr. 10-18 Uhr, Sa. 10-13 Uhr

Trachten-Redl
Gut Gerhardinger
85652 Landsham
☎ 089/90469483

Trachten-Lagerverkauf: Landhausmode für Damen, Herren und Kinder in Leinen und Leder aus eigener Produktion, Accessoires, Schuhe etc.. Weitere Filiale 81677 München, Weltenburger Str. 17, 089/919559.

Do., Fr. 10-19 Uhr, Sa. 10-13 Uhr

www.trachten-redl.de

Think Pink
Hauptstr. 16
(auf dem Lowa-Gelände)
85305 Jetzendorf
☎ 08137/999-570

Lagerverkauf: Kollektions- und Musterteile von Think Pink; Freizeit-, Outdoor-, Wander-Bekleidung, auch für Kinder.

Zweimal im Jahr, ca. Mai und November. Vorher anrufen und in die Kundenkartei aufnehmen lassen, man wird dann angeschrieben!

Trigema
Ettalerstr. 4
82490 Farchant
☎ 08821/6787

Trigema-Testgeschäfte: T-Shirts und Tennisbekleidung von Trigema zu Fabrikpreisen. Weitere Filiale: 83734 Hausham, Obere Tiefenbachstr. 15 a (08026/38529).

Mo.-Fr. 9-18 Uhr, Sa. 9-14 Uhr

www.trigema.de

Ullmann
Landhausmoden

Schleißheimer Str. 19
85221 Dachau
☎ 08131/81664

Herstellerverkauf: Trachten- und Landhausmode sowie klassische Damenoberbekleidung für reifere Damen.

Mi.-Fr. 10-18 Uhr, Sa. 10-14 Uhr

München-Region

Univers-Textil
Ahornstr. 18
82291 Mammendorf
☎ 08145/86-0

Fabrikverkauf: Bike-, Snowboard-, Bade-, Strand- und Freizeitbekleidung, Muster- und Kollektionsteile der aktuellen und letzten Saison, 1. und 2. Wahl.

Mo.-Fr. 9-13 Uhr

Vatter
Niederhofener Str. 10
86972 Altenstadt/Schongau
☎ 08861/931-138

Werksverkauf: Feinstrumpfhosen, Strümpfe für Damen und Herren (eigene Produktion) sowie Unter- und Nachtwäsche, Oberhemden, Pullover für Herren.

Mo.-Fr. 9.30-12 Uhr, 13-17.30 Uhr, Sa. 9-12 Uhr

Vollmer von Medvey
Strickwarenfabrik
Bahnhofstr. 36
82383 Hohenpeissenberg
☎ 08805/265

Fabrikverkauf: Walk- und Strickwaren für Damen, Herren und Kinder, Landhausbekleidung, sportliche Bekleidung, Blusen, Kostüme, Sportpullover.

Mo.-Fr. 9-12 Uhr, 14-17 Uhr

www.vollmer-moden.de

1.1 Bekleidung

München-Region

Wäschehersteller Direktverkauf
Eisgruber

Münchner Str. 221
85757 Karlsfeld
☎ 08131/278103

🛈 Modische Tag- und Nachtwäsche sowie T-Shirts, Sweat-Shirts und Polos verschiedener Marken, Auslaufmodelle, 2. Wahl, auch aktuelle Ware; Ersparnis ca. 30 %.

! Bitte beachten Sie die Anzeige auf dieser Seite!

🕘 Mo.-Fr. 9-12 Uhr, 14.30-18 Uhr, Sa. 9-13 Uhr

Zerberus Jeans
Christian Reiwald
Textilvertrieb

Hans-Pinsel-Str. 9 b
85540 Haar
☎ 089/4603081

🛈 Lagerverkauf: Hosen, vor allem Jeans, Stretchhosen, diverse Oberteile.

🕘 Mo.-Do. 9-17.30 Uhr, Fr. 9-14 Uhr, jeden 2. Sa. 9-14 Uhr

München-Nord

Ledermoden Wirkes
Taunusstr. 51
80807 München
☎ 089/3599350

Lagerverkauf: Lederjacken für Sie und Ihn, Ledertracht, Trachtenhosen, Leder-Jeans, Leder-Westen, Motorradbekleidung.

Mo.-Do. 9.30-19 Uhr, Fr. 9.30-20 Uhr, Sa. 9-16 Uhr
www.wirkes.de

München-Ost

MCM Outlet
Neumarkter Str. 17
81673 München
☎ 089/4543990

Lagerverkauf: Taschen, Textilien, Accessoires der Marke MCM; Auslaufmodelle und 2. Wahl zu günstigen Preisen.

Di.-Fr. 10-18 Uhr, Sa. 10-15 Uhr

München-Region

Gabor Shoes
Marienberger Str. 31
83024 Rosenheim
☎ 08031/801-0

Fabrikverkauf: Damen- und Herrenschuhe nur 2. Wahl.

Mo.-Fr. 8.30-19 Uhr, Sa. 8.30-16 Uhr

Schuhfabrik Hauf
Clara-Staiger-Str. 86
85072 Eichstätt
☎ 08421/1549

Fabrikverkauf: Trekking- und Wanderschuhe, Arbeitsschuhe, Haferlschuhe, „Bequemschuhe"; 2. Wahl-Artikel.

Mo.-Fr. 7-12 Uhr, 12.30-16 Uhr

Sutor Lagerverkauf
Opalstr. 19
84032 Altdorf
☎ 0871/93217-0

Lagerverkauf von Schuhen: Rest- und Einzelpaare, Auslaufmodelle, Marken wie Paul Green, Ara, Rohde etc..

Mo.-Fr. 9-18 Uhr, Sa. 9-13 Uhr

Tretter Schuhcenter
Heimstettener Str. 1
85599 Parsdorf
☎ 089/90476410

Lagerverkauf: Markenschuhe, Rest- und Einzelpaare, Auslaufmodelle sehr günstig.

Mo.-Fr. 10-19 Uhr, Sa. 9-16 Uhr
www.lagerverkauf-parsdorf.de

1.2 Lederbekleidung, Lederwaren, Schuhe

München-Region

Timberland
Outlet Store
Höllriegelskreuther Weg 3
82065 Baierbrunn

- Herstellerverkauf: alle Artikel aus eigener Herstellung wie Schuhe, Bekleidung, Accessoires: Vorjahreskollektion, sehr günstig, keine aktuelle Ware.
- Mo., Di., Mi., Fr. 13-18 Uhr, Do. 13-20 Uhr, Sa. 10-14 Uhr

www.timberland.de

Völkl
Trekking- und Alpinschuhe

Seestr. 3
85391 Allershausen
☎ 08166/9736

- Verkauf ab Lager: Trekking-, Wander- und Trachtenschuhe, Auslaufartikel, 1. und 2. Wahl; nicht alle Größen vorhanden.
- Mo., Mi.-Do. 8.30-17 Uhr, Fr. 8.30-18.30 Uhr, Sa. 8.30-13 Uhr

---

1.3 Computerbedarf

München-Mitte

Tauber Schulen
Karlstr. 44
80333 München
☎ 089/590687-0

- Schnäppchen-Markt: Büro- und Computerzubehör wie Mausepad, Papier, schnurlose Maus etc..
- Mo.-Fr. 9-17 Uhr (12-12.30 Uhr geschlossen)

www.tauberschulen.de

München-Ost

Fujitsu Siemens
Otto-Hahn-Ring 6
81739 München
☎ 089/636-42982

- PC-Werksverkauf: reichhaltige Auswahl an Notebooks, PCs, Monitore, Drucker und Zubehör.
- ! Im Internet steht immer das Angebot der Woche!
- Mo.-Fr. 13-18 Uhr

www.pc-werksverkauf.de

Pearson Education
Martin-Kollar-Str. 10-12
81829 München
☎ 089/46003-0

- Am 1. Sa. im Monat findet hier immer eine Sonderaktion statt. Aktuelle Bücher und Softwareprodukte mit kleinen Fehlern, Restposten und Rücksendungen zu stark reduzierten Preisen.
- 1. Sa. im Monat 8.30-12.30 Uhr

München-Ost

relife
Lehrer Götz-Weg 10
81825 München
☎ 089/42045800

- Lagerverkauf: Markencomputer, Notebooks, Monitore, Drucker und Zubehör.
- Di.-Fr. 10-19 Uhr, Sa. 10-14 Uhr
- www.relife.de

München-Region

Petruch
Dresdner Str. 5 a
82110 Germering
☎ 089/8419031

- Software für Studenten je nach Programm ca. 40-50 % billiger.
- ! Studentenausweis mitbringen!
- Mo.-Do. 8.30-17 Uhr, Fr. 8.30-15 Uhr

ELEKTROGERÄTE 1.4

München-Mitte

Re-ell Elektrokeller
Seidlstr. 8
80335 München
☎ 089/55215720

- Elektrogeräte mit Lackfehlern billiger.
- Mo.-Fr. 9-18 Uhr, Sa. 10-16 Uhr

Köckert & Wölfl
Theresienstr. 89
80333 München
☎ 089/527039

- Waschautomaten, Trockner, Geschirrspüler, Bügler mit Lackfehlern billiger. Weitere Filiale: Rosenheimer Str. 96, 089/487501, (Mo.-Fr. 9.30-12.30 Uhr, 14-18 Uhr, Sa. 9.30-12.30 Uhr).
- Mo.-Fr. 9-18 Uhr, Sa. 9-13 Uhr

München-Nord

Net on Net
Domagkstr. 19 a
80807 München
☎ 089/350530

- Lagerverkauf: DVD-Player, Fernseher, Videogeräte etc..
- Mo.-Fr. 15-20 Uhr, Sa. 10-16 Uhr
- www.netonnet.de

1.4 Elektrogeräte

München-Nord

Reithofer TV-Video-Hifi-Elektro
Maria-Probst-Str. 22
80939 München
☎ 089/371592-77
Fax: 089/371592-59

🛈 Fachmarkt mit großer Auswahl an Waschmaschinen, Wäschetrocknern, Kühl- und Gefriergeräten, Geschirrspülern, Einbau-Herden, Einbau-Backöfen, Einbau-Kochfeldern - mit Lackkratzern extrem preiswert. Weitere Filiale: 80469 München, Reichenbachstr. 31, 089/20251374, Mo.-Fr. 9-18.30 Uhr, Sa. 9-13 Uhr

! Bitte beachten Sie die Anzeige auf S. 33!

🕘 Mo.-Fr. 9-19 Uhr, Sa. 9-16 Uhr

München-West

Gelectra
Bodenseestr. 228
81243 München
☎ 089/89777120

🛈 Waschautomaten, Geschirrspüler, Elektroherde und Kühlschränke mit Lackfehlern zu günstigen Preisen. Weitere Filiale: Ottobrunn, Jägerweg 2, 089/6098687, Mo.-Fr. 9.30-12.30 Uhr, 14-18 Uhr, Sa. 9-13 Uhr.

🕘 Mo.-Fr. 9-19 Uhr, Sa. 9-14 Uhr

München-Süd

Sendlinger Elektro-Shop
Cimbernstr. 11-13
81377 München
☎ 089/7144408

🛈 Elektrogeräte mit Lackfehlern günstiger.

🕘 Mo., Di., Do. Fr. 9-13 Uhr, 15-18 Uhr, Mi., Sa. 9-13 Uhr

München-Region

Witek-Euras
Elektrogeräte
Robert-Bosch-Str. 11
85221 Dachau
☎ 08131/2960

🛈 Fabrikverkauf: elektrische Kleingeräte wie z.B. Eierkocher, Fön, akku-betriebene Geräte (Handstaubsauger) ca. 40 % billiger.

🕘 Mo.-Do. 8-15.30 Uhr (12-13 Uhr Mittagszeit)

GARANTIERT GÜNSTIGER!
Weisen Sie mir innerhalb von 14 Tagen einen günstigeren Preis für den gekauften Artikel bei gleicher Leistung nach, zahlen Sie auch bei mir diesen niedrigeren Preis und erhalten darauf noch extra einen Vertrauensbonus von 5%
Darauf haben Sie mein Wort!
Ihr Franz Reithofer
NOBODY IS PERFECT!
Auch bei uns gibt's mal kleine Kratzer!
Deshalb finden Sie bei uns immer hochwertige Elektrogeräte mit kleinen Schönheitsfehlern bei voller Garantie bis zu 400.00 € billiger!
Euroindustriepark · Maria-Probst-Straße 22 · 80939 München Tel. · 089/37 15 92-00
www.reithofer.de
Reithofer
Fachmarkt für Elektrogeräte · TV · Video · HiFi · Küchen

1.5 Möbel und Einrichtungsbedarf

München-Mitte

Arcum
Auenstr. 29
80469 München
☎ 089/20238030

🛈 Direktimport italienischer Designermöbel.
🕘 Mo.-Fr. 10-19 Uhr, Sa. 10-16 Uhr

Design & Art Magazin
Karlstr. 35
80333 München
☎ 089/5502665

🛈 Original-Möbel von Top-Designern der führenden italienischen Markenhersteller zu günstigen Konditionen.
! Bitte beachten Sie die Anzeige auf S. 13!
🕘 Mi. und Fr. 10-19 Uhr, Do. 10-20 Uhr, Sa. 10-15 Uhr

Die neue Küche
Baaderstr. 7
80469 München
☎ 089/2900290

🛈 Marken-Ausstellungsküchen 30-40 % reduziert.
🕘 Mo.-Fr. 9-18 Uhr, Sa. 10-14 Uhr

Marquardt Emleben
Landsberger Str. 148
80339 München
☎ 089/50080579

🛈 Werksverkauf von Küchen und Elektroeinbaugeräten.
🕘 Mo.-Mi. 10-19 Uhr
www.marquardt-emleben.de

Prince & Prince
Dachauerstr. 15-17
80335 München
☎ 089/553745

🛈 Werksverkauf: Rahmen, Spiegel, Möbel.
🕘 Mo.-Fr. 9.30-19 Uhr, Sa. 9-15 Uhr

Rahmen-Lachner
Landsberger Str. 106
80339 München
☎ 089/5004711

🛈 Im Lagerverkauf kann man die unterschiedlichsten Spiegel sehr günstig erstehen.
🕘 Mo., Di., Do., Fr. 9-18 Uhr, Mi. 9-13 Uhr, Sa. 10-13 Uhr

München-Nord

Focus
Lagerverkauf

Aachenerstr.
80804 München
☎ 089/383992-0

🛈 Lagerverkauf: hochwertige Designer-Möbel und Accessoires, nur Ausstellungsartikel, Auslaufmodelle, 2. Wahl
🕘 Ein- bis zweimal im Jahr. In die Kundenkartei aufnehmen lassen, man wird eingeladen. Der genaue Ort und Termin wird dann bekanntgegeben.

München-Nord

KARE Fundgrube
Lotte-Branz-Str. 6
80939 München
☎ 089/37061125

Auslaufmodelle, leicht beschädigte Modelle, 2. Wahl. Weiterer Lagerverkauf von Möbeln und Accessoires, nur Einzelstücke: 85748 Garching, Zeppelinstr. 16, 089/320820, Fr. 10-16 Uhr.

Mo.-Fr. 10-20 Uhr, Sa. 10-16 Uhr

---

shogazi
Hohenzollernstr. 93
80796 München
☎ 089/18910958

Fabrikverkauf von Naturlatexmatratzen. Außerdem Ausstellungsstücke der Wohnzimmereinrichtung, Sofas und Kleiderschränke etc. sehr günstig. In der Hohenzollernstr. 93 ist der Showroom und in unmittelbarer
Nähe in der Schwere-Reiter-Str. 35 der Lagerverkauf.
Do-Fr. 15-19 Uhr, Sa. 10-15 Uhr.

! Bitte beachten Sie die Anzeige auf S. 36!

Mo-Fr. 10-20 Uhr, Sa. 10-16 Uhr

www.shogazi.de

Lips
Maria-Probst-Str. 22
80939 München
☎ 089/3189090

Lagerverkauf: hochwertige Designer-Büromöbel aus Ausstellungen oder eigener Produktion sowie neuwertige Büromöbel aus Insolvenzen.

! Dazu gibt es noch einen Lagerverkauf von Hochzeits- und Abendkleidern.

Mo.-Fr. 9-19 Uhr, Sa.10-16 Uhr

---

mam limited
Schwarzhauptstr. 10
80939 München
☎ 089/31698184

Die schönsten Möbel genial günstig! Polstermöbel, Sofas, Tische, Stühle, Betten, Schränke, Matratzen, Kommoden - alles ehemalige Messestücke, Fotomodelle oder Prototypen und Kleinserien.

! Weitere Filialen: Schleißheimerstr. 6, Wohnen (089/54244246), Schlafen (089/54290058).
Bitte beachten Sie die Anzeige auf S. 37!

Di.-Fr. 10-20 Uhr, Sa. 10-16 Uhr

Ökologisches Zentrum
Lagerverkauf

Ponkratzstr. 1
80995 München
☎ 089/1237470

Lagerverkauf des Naturbaumarktes - Bau- und Wohnbedarf.

Mo.-Fr. 9-18 Uhr, Sa. 9-13 Uhr

1.5 Möbel und Einrichtungsbedarf

München-Nord

Plana Küchenland Kiefer
Hanauerstr. 56
80992 München
☎ 089/1431490

- Ausstellungsküchen bis zu 50 % reduziert (Markenware).
- Mo.-Fr. 10-19.30 Uhr, Sa. 9.30-15.30 Uhr

Spiel mit Holz
Karl-Lipp-Str. 1
80992 München
☎ 089/4801122

- Lagerverkauf; Restposten vollmassiver Kinder- und Schlafzimmer-, Spielmöbel.
- Do. 15-20 Uhr

Top-Sleep
Fabrikverkauf

Lotte-Branz-Str. 8
80939 München
☎ 089/31600603

- **Verkauf von Top-Latexmatratzen bis zu 50 % unter Normalpreis.**
- **Mo.-Fr. 11-18.30 Uhr, Sa. 11-15 Uhr**

1.5 Möbel und Einrichtungsbedarf

München-West

Hall-Piano
Von-Goebel-Platz 6
80638 München
☎ 089/1783553

🛈 Werksverkauf von Klavieren, Ersparnis ca. 15 %.
🕘 Mo.-Fr. 10-18 Uhr, Sa. 10-16 Uhr
www.piano-hall.de

Herbst
Nefa Matratzen
Waldfriedhofstr. 54
81377 München
☎ 089/711075

🛈 Matratzen direkt ab Fabrik.
🕘 Mo., Fr. 8-19 Uhr, Sa. 9-14 Uhr

Küchen Dross & Schaffer
Landsberger Str. 425
80687 München
☎ 089/896071-0

🛈 Lagerverkauf: Ausstellungsküchen (Markenware) bis zu 50 % billiger.
🕘 Di.-Fr. 10-18 Uhr

Kokon
Tremburgstr. 2
81249 München
☎ 089/5525140

🛈 Lagerverkauf: hochwertiger Wohnzubehör, Dekoteile, Wohntextilien, Möbel, Accessoires; Musterstücke, Auflaufmodelle, 2. Wahl, Ware mit kleinen Fehlern zu günstigen Preisen.
🕘 Der Lagerverkauf findet zweimal im Jahr (Frühjahr und Herbst) statt. Vorher anrufen und genauen Termin erfragen!
www.kokon.com

Nature Art
Freihamer Allee 21
81245 München
☎ 089/89712092

🛈 Lagerverkauf von Bambusmöbeln und Kunsthandwerk.
🕘 Fr. 12-20 Uhr, Sa. 10-16 Uhr
www.nature-art.de

Parkett-Börse Paxon
Bodenseestr. 20
81241 München
☎ 089/88919470

🛈 Restposten: Korkfliesen, Parkett, Laminat zum Tagespreis.
🕘 Do.-Fr. 10-19 Uhr, Sa. 10-16 Uhr

Who's perfect?
Landsberger Str. 350
80687 München
☎ 089/589890

🛈 Designermöbel mit kleinen Fehlern.
! Jeden Monat einige Tage geschlossen, um das Lager wieder aufzufüllen!
🕘 Mo.-Fr. 10-20 Uhr, Sa. 10-16 Uhr, So. 13-17 Uhr

München-Süd

Betten-Discount
Reichenhaller Str. 16
81547 München
☎ 089/69375757

Lagerverkauf: Betten, Matratzen, Möbel, Wohnaccessoires, Design-Countryhouse zu Discount-Preisen.
Mo.-Fr. 12-20 Uhr, Sa. 10-16 Uhr
www.betten-discount-info.de

München-Ost

Büro-Lagerverkauf
Lucile-Grahn-Str. 30 Rgb.
81675 München
☎ 089/89050990

Lagerverkauf von Büromöbeln und Bürobedarf.
Di., Do. 14-16 Uhr nur nach telefonischer Vereinbarung
www.diw-gmbh.de

Wipper Büro-Design
Am Moosfeld 21
81029 München
☎ 089/427170-50

Factory Outlet: Büromöbel zu günstigen Preisen.
Mo.-Do 8-17 Uhr, Sa. 8-12.30 Uhr
www.wipperbuerodesign.de

München-Region

Apart-Store
Georg-Wimmer-Ring 3
85604 Zorneding
☎ 08106/996420

Herstellerverkauf: Tischwäsche, Kissen, Wohnaccessoires.
Mo.-Fr. 9-18 Uhr, Sa. 10-16 Uhr
www.apart-store.de

Bassetti
Röntgenstr. 5
81679 Martinsried
☎ 089/8958280

Fabrikverkauf: Bettwäsche, Tischwäsche, Vorhänge, Handtücher, Tagesdecken, Plaids, Dekotücher.
Di. 14.30-18 Uhr, Mi.-Fr. 9.30-13, 14.30-18 Uhr, Sa. 9-13 Uhr

---

Bayerischer Matratzenvertrieb
85283 Wolnzach-Weingarten
☎ 08442/4545

Matratzen-Fabrikverkauf.
Di.-Fr. 14-18 Uhr, Sa. 9-13 Uhr

1.5 Möbel und Einrichtungsbedarf

München-Region

Benedorm Königseestr. 10 83022 Rosenheim ☎ 08031/352990	🛈 Matratzen direkt vom Hersteller. 🕘 Mo.-Fr. 10-18 Uhr, Sa. 10-14 Uhr
Brühl Acryl Eppaner Str. 6 a 86165 Augsburg ☎ 0821/72080-0	🛈 Werksverkauf: Acryl-Möbel mit kleinen Fehlern, Sonderteile, Musterstücke. 🕘 Mo.-Do. 8-17 Uhr, Fr. 8-14.30 Uhr und nach Vereinbarung
Bürkner Plastik Robert-Bosch-Str. 9 85221 Dachau ☎ 08131/25050	🛈 Werksverkauf von Acrylglas-Möbeln; u.a. Ausstellungsstücke, Sondermodelle und Musterstücke zu stark herabgesetzten Preisen. 🕘 Mo. 9-20 Uhr, Di.-Do. 9-16 Uhr, Fr., Sa. 9-12 Uhr
Büromöbel Discounter Haslfurth 9 84174 Eching bei Moosburg ☎ 08709/263439	🛈 Lagerverkauf von Bürostühlen, Konkursware, neu und gebraucht. 🕘 Mo.-Fr. 12-18 Uhr, Sa. 10-15 Uhr
Casa Möbel Oskar-Messter-Str. 14 85737 Ismaning ☎ 089/965021	🛈 Lagerverkauf von hochwertigen Designermöbeln, nur Ausstellungs- und Musterstücke mit kleinen Fehlern. 🕘 Mo.-Do. 7.30-16.30 Uhr www.casamoebel.de
Chez Q Jägerstr. 21 82041 Oberhaching ☎ 089/6133660	🛈 Fliesen und Platten aus Marmor, Granit direkt vom Hersteller. 🕘 Mo.-Fr. 9-12 Uhr und 14-18 Uhr, Sa. 9-16 Uhr
Daunenbetten-Fabrik 83629 Niederalten-burg/Weyarn ☎ 08063/9017	🛈 Fabrikverkauf: Kissen, Einziehdecken, Flachbetten, Oberbetten etc.. 🕘 Mo.-Do. 8-15 Uhr, Fr. 8-12 Uhr

München-Region

designfunktion
Industriestr. 23
82194 Gröbenzell
☎ 08142/59392-5

- Lagerverkauf aus Wohn- und Bürokollektionen: Stühle, Schreibtische, Sessel, Sofas, Leuchten - alles qualitativ hochwertige Ware von namhaften Herstellern zu herabgesetzten Preisen. Ausstellungs- und Musterstücke, Möbel aus Bemusterung oder mit kleinen Fehlern, 2. Wahl.
- ! Zusätzliche Sonderverkäufe im Mai und November!
- Mo.-Do. 8-17 Uhr, Fr. 8-14.30 Uhr
- www.designfunktion.de

Die Möbelhalle
Am Niedernfeld 2
85664 Hohenlinden
☎ 08124/1092

- Hallenverkauf von Top-Marken-Möbeln zu sehr günstigen Preisen in großer Auswahl.
- ! Bitte beachten Sie die Anzeige auf dieser Seite!
- Mo.-Fr. 10-18 Uhr, Sa. 10-14 Uhr

Die Schnäppchenhalle
Oberndorferstr. 24
84032 Landshut
☎ 0871/140490

- Lagerverkauf von Gartenmöbel bekannter Hersteller, Angebote aus Konkursen etc.. Weitere Halle: Landshut, Sonnenring 19, 0871/9663194
- Mo.-Fr. 10-18 Uhr, Sa. 10-16 Uhr
- www.schnaeppchenhalle.de

1.5 Möbel und Einrichtungsbedarf

München-Region

Diwan
Bayerwaldstr. 5
82538 Geretsried
☎ 08171/909390

🛈 Messegarnituren in sehr großer Auswahl mit bis zu 50 % Ersparnis.
🕘 Mo.-Fr. 11-18 Uhr, Sa. 9-15 Uhr

Fliesen Discount
Rosenheimer Str. 69
83059 Kolbermoor
☎ 08031/614658

🛈 Fliesendirektimport: alle Fliesenarten, Marmor und Granit zum günstigen Preis.
🕘 Mo.-Fr. 10-18 Uhr, Sa. 9-14 Uhr

Friederich Gardinen
Birkenstr. 1
82216 Maisach
☎ 08141/39030

🛈 Herstellerverkauf: Gardinen, Stores, Dekorationsstoffe, Bettwäsche, Möbelstoffe, Frottierwäsche.
🕘 Mo-Fr. 9.30-18 Uhr, Sa. 9-13 Uhr

G + G Wohnstudio
Pöckinger Str. 1
82319 Perchting
☎ 08151/72979

🛈 Ausstellungs- und Messestücke, Retouren; 40-70 % reduziert; namhafte Hersteller, hochwertige Produkte; hauptsächlich Polstermöbel.
🕘 Mo.-Fr. 13.30-19.30 Uhr, Sa. 9-16 Uhr

Grennrich
Möbelhandel
Lohenstr. 12
82166 Gräfelfing
☎ 089/8547211

🛈 Exklusive Polstermöbel, Vitrinen, Betten und Tische von führenden Markenherstellern; Messe- und Fotostücke ca. 40-70 % reduziert.
🕘 Mo.-Mi. 16-20 Uhr, Do., Fr. 13-20 Uhr, Sa. 9.30-16 Uhr

Hain
Parkett
Gewerbegebiet Eckfeld
83543 Rott /Inn
☎ 08039/404-150

🛈 Parkettwerksverkauf, Sonder- und Restposten. Weitere Filiale: 81829 München, Schatzbogen 65, 089/45458750.
🕘 Mo.-Fr. 8-12 Uhr, 13-18 Uhr, Sa. 9-13 Uhr
www.kaufen-ab-werk.de

Himolla
Polstermöbelwerk
Schloßfeldstr.
84416 Taufkirchen/Vils
☎ 08084/25236

🛈 Fabrikverkauf von Polstermöbeln, Bettcouchen, Eckgarnituren, Sessel, Fernsehsessel, ca. 30 % Ersparnis.
🕘 Mo.-Fr. 12.45-17 Uhr, Sa. 8.45-12 Uhr
www.himolla.de

München-Region

Holz-Heim
Wolfratshauser Str. 150
82049 Pullach

Lagerverkauf: zeitlose Holzmöbel, Tische, Schränke, Stühle, Kommoden etc..
Sa. 10-16 Uhr
www.holz-heim.com

Home & Garden
Möbelmagazin
Max-Planck-Str. 2
86899 Landsberg/Lech
☎ 08191/944140

Lagerverkauf: Stühle, Tische, Barhocker, Gartenmöbel,- Original Lusty Lloyd Loom Möbel, Sonderposten und Einzelstücke.
Do.-Fr. 10-19 Uhr, Sa. 10-14 Uhr
www.goin.de

Karstadt Möbelfundgrube
Ohmstr. 1
86386 Eching
☎ 08165/74321

Möbellagerverkauf: Ausstellungs- und Einzelstücke sowie Ware mit kleinen Fehlern sehr günstig.
Mo.-Fr. 10-19 Uhr, Sa. 9.30-16 Uhr

Lineabüro
Otto Hahn Str. 11
85521 Ottobrunn
☎ 089/230888-0

Herstellerverkauf. Büromöbel gehobener Standard.
Der Verkauf findet mehrmals im Jahr statt. Termin erfragen!

Malik
In der Au 4
82377 Penzberg
☎ 08856/935690

Herstellerverkauf: Duschkabinen aus eigener Herstellung.
Termine nach telefonischer Vereinbarung!

Markenmöbel Outlet
Raiffeisenstr. 10
85276 Pfaffenhofen
☎ 08441/784720

Messemodelle, Ausstellungsstücke; Marken: Bielefelder Werkstätten, Maison-Collection, Form-exclusiv, Lloyd Loom, Marshalke, Rodam, Risa, GRL.
Do., Fr. 10-19 Uhr, Sa. 10-15 Uhr
www.markenmoebel-outlet.de

1.5 Möbel und Einrichtungsbedarf

München-Region

Markisenkauf-München Gistlstr. 101 a 82049 Pullach ☎ 089/7934983	🛈 Markisen ab Werk! 🕘 Termin nach Vereinbarung!
Möbelhaus Feldkirchen Hohenlindnerstr. 32 Rgb. 85622 Feldkirchen ☎ 089/9039633	🛈 Lagerverkauf: Fichtenmöbel mit kleinen Fehlern im Landhausstil vom Schrank bis zum Sofa, Bauerntische und Eckbänke aus Restposten. 🕘 Mi.-Fr. 10-17 Uhr, Sa. 10-13 Uhr; vorher anrufen!
Messe- und Polstermöbel Funk Tegernseestr. 15 83022 Rosenheim ☎ 08031/99460	🛈 Topaktuelle Leder- und Stoffgarnituren; Messe - und Fotostücke sowie Überproduktionen sehr günstig. 🕘 Mi., Fr. 10-18 Uhr, Do. 10-19 Uhr, Sa. 9-13 Uhr
MVG Voglrieder Steinhausen 20-21 85625 Glonn	🛈 Lagerverkauf: Restposten von Rattanmöbel. 🕘 Termine per email erfragen info@voglrieder.de
Paradise Schloßbreiten 1 82276 Adelshofen ☎ 08146/94197	🛈 Lagerverkauf: Bambusmöbel und Wasserbetten; günstig durch Direktimport. 🕘 Termin nach Vereinbarung!
Trödler Abraham Münchner Str. 8 85551 Kirchheim ☎ 08121/79726	🛈 Lagerverkauf: Möbel aus der Jugendstil- und Gründerzeit; Tische, Stühle, Vitrinen, Lampen, Kleinmöbel, Gläser etc.. 🕘 1. Sa. im Monat 10-17 Uhr
Wankerl & Häpp Sollnerstr. 15 82049 Pullach ☎ 089/662572	🛈 Lagerverkauf: Deko-, Möbel- und Vorhangstoffe, Fabrikreste, Sonderposten, Reste aus Kollektionen. 🕘 Mo., Do. 9.30-13.30, 14.30-17.30, Fr. 9.30-14.30, Sa. 9.30-13 Uhr

München-Region

Wasa Massivholzmöbel
factory outlet store

Poinger Str. 2
85551 Heimstetten
☎ 089/90475859

- Fabrikverkauf: Massivholzmöbel für alle Einrichtungsbereiche wie z.B. Schränke, Betten, Anrichten, Vitrinen, Sitzmöbel, Tische, Küchen und auch Schreibtische.
- ! Bitte beachten Sie die Anzeige auf dieser Seite!
- Mo.-Fr. 10-18 Uhr, Sa. 9-16 Uhr
- www.wasamoebel.de

Werndl

Rosenheimer Str. 74
83059 Kolbermoor
☎ 08031/405390

- Werksverkauf von Büromöbeln: Bemusterungs- und Ausstellungsstücke sowie fabrikneue Möbel aus Überproduktion.
- Mo.-Fr. 10-18 Uhr
- www.werndlverkauf.de

Zellner

Klepperstr. 1
83026 Rosenheim
☎ 08031/470419

- Fabrikverkauf: Möbel- und Dekostoffe.
- ! Weitere Filiale: 86152 Augsburg, Auf dem Kreuz 49, (0821/3196774), Mo., Di., Do., Fr. 9-12, 13-18 Uhr, Mi., 9-12 Uhr
- Mo.-Mi. 9.30-16.30 Uhr, Do. 9.30-19 Uhr, Fr. 9.30-12.30 Uhr, 1.u.3. Sa. 9.30-13 Uhr

---

München-Mitte

Backspielhaus
Barerstr. 36
80333 München
☎ 089/281379

- Mo.-Fr. kosten alle Backwaren ab 18 Uhr 30 % weniger.
- Mo.-Fr. 6.30-18.30 Uhr, Sa. 7-13 Uhr

Hölzl
Conditorei Café
Bäckerei

Dachauerstr. 24
80335 München
☎ 089/592747

- Brot, Semmeln, Brezen und Hefeteig-Teilchen in der letzten Verkaufsstunde um 50 % billiger (außer So.).
- ! Weitere Filialen in München-Mitte: Stachus-Einkaufszentrum (089/594432), Augustenstr. 60 (089/5234574), Herzog-Wilhelm-Str. 2 (089/593823), Holzkirchner Bahnhof.
- Mo.-Fr. 7-19 Uhr, Sa. 7-18 Uhr, So. 9-18 Uhr

Hofpfisterei
Neuhauser Str. 5
80331 München
☎ 089/26023796

- In der letzten Stunde vor Ladenschluß werden alle tagfrischen Brot- und Backwaren um 25 % billiger, in der letzten halben Stunde um 40 % billiger. Das Angebot gilt auch in folgenden Filialen, z.B.: Brienner Str. 59, Fraunhoferstr. 4, Ganghoferstr. 19, Kapuzinerstr. 2, Kreittmayrstr. 5, Liebigstr. 10 a, Müllerstr. 51, Viktualienmarkt-Laden 5, Sparkassenstr. 12, Stachus UG.
- ! Im Restbrotladen der Hofpfisterei, Blumenstr. 1, sind besonders günstig Backwaren und Restbrote vom Vortag erhältlich (Mo.-Fr. ab 11 Uhr, Sa. ab 10 Uhr bis alles verkauft ist)!
- Mo.-Fr. Ladenöffnung unterschiedlich -18.30/19 Uhr, teilweise 20 Uhr, Sa. i.d.R. -13/14 Uhr

---

Rischart's Backhaus
Baaderstr. 78
80469 München
☎ 089/23170039

- Brote und Kuchen vom Vortag die Hälfte billiger.
- Di.-Fr. 7-16 Uhr

München-Nord

Aumüller
Bäckerei - Konditorei

Marktstr. 18
80802 München
☎ 089/347363

- Süßes Hefegebäck ab 17 Uhr zum Einheitspreis von € 0,55.
- Mo.-Fr. 7-18 Uhr, Sa. 7-12 Uhr

München-Nord

Backspielhaus
Belgradstr. 9
80796 München
☎ 089/3001711

ℹ Mo. bis Fr. kosten alle Backwaren (außer Kuchen) ab 18 Uhr 50 % weniger.

🕘 Mo.-Fr. 6.30-18.30 Uhr, Sa. 7-13 Uhr

Hölzl
Conditorei Café

Schellingstr. 27
80799 München
☎ 089/284439

ℹ Brot, Semmeln, Brezen, Hefegebäck in der letzten Verkaufsstunde um 50 % billiger.

! Weitere Filialen in München-Nord: Friedrichstr. 30 (089/332883), Herzogstr. 6 (089/397367).

🕘 Mo.-Fr. 7-19 Uhr, Sa. 7-16 Uhr, So. 9-18 Uhr

Hofpfisterei
Winzererstr. 49
80797 München
☎ 089/3003222

ℹ In der letzten Stunde vor Ladenschluß sind alle tagfrischen Brot- und Backwaren um 25 % billiger, in der letzten halben Stunde um 40 % billiger. Auch: Barer Str. 51, Baubergerstr. 7, Belgradstr. 32, Blodigstr. 1, Elisabethpl., Franz-Fihl-Str. 2, Hohenzollernstr. 2 a und 124, Knorrstr. 47, Marktstr. 2, Nordendstr. 64, OEZ Riesstr., Schellingstr. 115, Schleißheimerstr. 442, Vesaliusstr. 4, Wilhelmstr. 41.

🕘 Mo.-Fr. Ladenöffnung uneinheitlich -18.30/19 Uhr, teilw. 20 Uhr, Sa. i.d.R. -13/14 Uhr

---

Rager
Konditorei, Bäckerei

Giselastr. 8
80802 München
☎ 089/346023

ℹ Tagesgebäck und Semmeln ab 17.30 Uhr zum halben Preis.

🕘 Mo.-Fr. 7-18 Uhr, Sa. 7-13 Uhr

Spina
Feinkost

Maria-Probst-Str. 49
80939 München
☎ 089/3169390

ℹ Lagerverkauf italienischer Feinkost: Nudeln, Weine, Käse, Antipasti, Wurstwaren etc..

🕘 Mo.-Fr. 8.30-18 Uhr, Sa. 7.30-14 Uhr

München-West

Avanzi
Fürstenrieder Str. 12
80687 München
☎ 089/56825728

ℹ Direktverkauf von Wein, Sekt und Olivenöl aus Italien.

🕘 Di.-Fr. 13.30-19 Uhr, Sa. 10-16 Uhr

1.6 Nahrungs- und Genussmittel

München-West

Asia Store
Birketweg 7
80639 München
☎ 089/169930

🛈 Lagerverkauf: preiswerte Lebensmittel aus asiatischen Ländern, z.B. Frühlingsrollen, Seafood, frische Kräuter und Gemüse aus Thailand und Vietnam.

🕘 Mo.-Fr. 9-19.30 Uhr, Sa. 9-16 Uhr

Hölzl
Conditorei Café
Bäckerei

Helene-Weber-Allee 13
80637 München
☎ 089/1572405

🛈 Brot, Semmeln, Brezen und Hefegebäck in der letzten Verkaufsstunde um 50 % billiger. Auch: Hirschgartenallee 48 (089/170367).

🕘 Mo.-Fr. 7-19 Uhr, Sa. 7-14 Uhr, So. 9-18 Uhr

Hofpfisterei
Lazarettstr. 2
80636 München
☎ 089/1291632

🛈 In der letzten Stunde vor Ladenschluß werden alle tagfrischen Brot- und Backwaren um 25 % billiger, in der letzten halben Stunde um 40 % billiger. Auch in anderen Filialen, z.B.: Aubingerstr. 49, Blodigstr. 4, Dom-Pedro-Str. 22, Fürstenrieder Str. 60, Nibelungenstr. 4, Nymphenburger Str., 155, Planegger Str. 11, Riesenburgstr. 40, Romanpl. 12, Sandrartstr. 28, Terofalstr. 10 a, Gleichmannstr. 5 b, Valpichlerstr. 55, Reutterstr. 50, Verdistr. 74, Waisenhausstr. 54.

🕘 Mo.-Fr. Ladenöffnung unterschiedlich -18.30/19 Uhr, teilw. 20 Uhr, Sa. i.d.R. -13/14 Uhr

---

Peinl's Backeck
Nymphenburger Str. 90 e
80636 München
☎ 089/12715453

🛈 Ab 17 Uhr 20 % Ermäßigung auf alle Backwaren.

🕘 Mo.-Fr. 6.30-18 Uhr, Sa. 7-12.30 Uhr
www.peinls-backeck.de

München-Süd

Aumüller
Bäckerei - Konditorei

Naupliastr. 105
81545 München
☎ 089/64241866

🛈 Süßes Hefegebäck ab 17 Uhr zum Einheitspreis von € 0,55.

🕘 Mo.-Fr. 7-18 Uhr, Sa. 7-12 Uhr

München-Süd

Hofpfisterei
Albert-Roßhaupter-Str. 92
81369 München
☎ 089/7600102

🛈 In der letzten Stunde vor Ladenschluß werden alle tagfrischen Brot- und Backwaren um 25 % billiger, in der letzten halben Stunde um 40 % billiger. Angebot auch gültig, z.B.: Armanspergstr. 2, Balanstr. 166, Berner Str. 4, Boschetsriederstr. 69, Deisenhofenerstr. 45 c, Drygalski-Allee 118, Falkenstr. 2, Guardinistr. 94, Grünwalderstr. 10, Heiglhofstr. 6, Hohenschwangaupl. 35a, Humboldtstr. 9, Johann-Clanze-Str. 24, Plinganserstr. 37, Sollner Str. 67, Steinkirchnerstr. 30, Tegernseer Landstr. 48, Waldfriedhofstr. 89.

🕘 Mo.-Fr. Ladenöffnung unterschiedlich -18.30/19 Uhr teilweise 20 Uhr, Sa. i.d.R. -13/14 Uhr

---

Hölzl
Conditorei, Café, Bäckerei

Jakob-Gelb-Platz 1
81543 München
☎ 089/653244

🛈 Brot, Semmeln, Brezen und Hefegebäck in der letzten Verkaufsstunde um die Hälfte billiger.

🕘 Mo.-Fr. 7-18.30 Uhr, Sa. 8-18 Uhr, So. 9-18 Uhr

München-Ost

Aumüller
Bäckerei - Konditorei

Baumkirchner Str. 13
81673 München
☎ 089/434017

🛈 Süße Hefeteilchen ab 17 Uhr zum Einheitspreis von € 0,55. Das Angebot gilt auch in für: Berg-am-Laim-Str. 82 a (089/6882880), Josephsburgstr. 95 (089/6882307), Weißenburgerstr. 35 (089/4480893), Grafinger Str. 27 (089/406161), Pfanzeltpl. 16 (089/675383), Freischützstr. 2 (089/9306627), Denninger Str. 4 (089/99888936), Denninger Str. 15 (089/987820), Kreiller Str. 172 (089/42721213), Riemer Str. 338 (089/943618).

! Das Hauptgeschäft öffnet bereits ab 6.30 Uhr!

🕘 Mo.-Fr. 7-18 Uhr, Sa. 7-12 Uhr

Backspielhaus
Weltenburgerstr. 6
81677 München
☎ 089/9287090

🛈 Mo.-Fr. kosten alle Backwaren ab 18.30 Uhr 30 % weniger. Auch: Einsteinstr. 125 (089/47077498).

🕘 Mo.-Fr. 6.30-18.30 Uhr, Sa. 7-13 Uhr

1.6 Nahrungs- und Genussmittel

München-Ost

Hofpfisterei
Weißenburger Str. 4
81667 München
☎ 089/4485370

🛈 In der letzten Stunde vor Ladenschluß werden alle tagfrischen Brot- und Backwaren um 25 % billiger, in der letzten halben Stunde um 40 % billiger. Auch gültig, z.B.: Cosimastr. 4, Einsteinstr. 115, Freischützstr. 17, Friedenspromenade/ Hugo-Weiß-Str. 6, Ismaningerstr. 62, Maximilian-Kolbe-Allee 1, Ollenhauerstr. 19, Ostpreußenstr. 45, Plankensteinstr. 2, Truderinger Str. 316, Wasserburger Landstr. 214 und 268, Weißenburger Str. 39, Oberföhringer Str. 2, Siemens-Kantine, Carl-Wery-Str.

🕘 Mo.-Fr. Ladenöffnung unterschiedlich -18.30/19 Uhr, teilweise 20 Uhr, Sa. i.d.R. -13/14 Uhr

---

München-Region

Aumüller
Bäckerei - Konditorei

Feldkirchner Str. 2
85609 Aschheim
☎ 089/9034501

🛈 Süßes Hefegebäck ab 17 Uhr zum Einheitspreis von € 0,55. Gilt auch in: Kirchheim, Münchner Str. 1 (089/90199228), Feldkirchen, Münchner Str. 2 (089/90937512), Neubiberg, Lindenallee 1 (089/60019409).

🕘 Mo.-Fr. 7-18 Uhr, Sa. 7-12 Uhr

Naturlandhof Brandel

Erdingerstr. 18
85669 Reithofen
☎ 08124/910268

🛈 Verkauf ökologischer Produkte ab Hof: Fleisch, Wurst, Brot, Eier, Getreide, Honig.

🕘 Sa. 14.30-16 Uhr

Brandt
Süßwaren

Altdorfer Str. 10
84030 Landshut
☎ 0871/708-1

🛈 Werksverkauf diverser Schoko-Erzeugnisse, Zwieback und Kekse.

🕘 Mo.-Do. 8.15-16.25 Uhr, Fr. 8.15-14.55 Uhr; 1. Arbeitstag im Monat ab 10 Uhr

---

Brauckhoff
Wurstwaren

Ernst-Heinkel-Ring 18
85662 Hohenbrunn
☎ 08102/4008-4009

🛈 Lagerverkauf feiner Wurstwaren.

! Im Gewerbegebiet ca. 800 m der Beschilderung ‚Aufzugbau NUNN' folgen!

🕘 Mo.-Mi. 8-14 Uhr, Do. 8-15 und 17-19 Uhr, Fr. 8-15 Uhr, Sa. 8-12 Uhr

---

München-Region

D'Amico
Lorenz-Huber-Str. 13 a
85540 Gronsdorf
☎ 089/8714011

- Lagerverkauf von Wein und Feinkost aus Italien
- Mo.-Fr. 10-18 Uhr, Sa. 10-14 Uhr
- www.damico.de

Thomas Dutz
Italienische Weine

Wettersteinstr. 16
82024 Taufkirchen
☎ 089/60855691

- Lagerverkauf italienischer Spitzenweine.
- Sa. 11-16 Uhr
- www.dutz-ital-weine.de

Gropper
Molkerei

Am Mühlberg 2
86657 Bissingen
☎ 09084/96960

- Werksverkauf bekannter Markenartikel, neben Gropper z.B. Deller, Käfer, Weihenstephan, Goldsteig, Bergader.
- ! Bissingen ist unweit von Dillingen (vgl. Wetzel Fabrikverkauf); evtl. mit einem Ausflug nach Nördlingen (mittelalterliche Stadtmauer, Rieskratermuseum) verbinden!
- Mo. 10-13.30 Uhr, Mi., Fr., 10-17 Uhr
- www.molkerei-gropper.de

Michael Hasselbach
Natur- und Trendprodukte

Parkstr. 20
82194 Gröbenzell
☎ 08142/590503

- Lagerverkauf von Teesorten, Teebaumöl, Räucherstäbchen, natürliche Hanfkosmetik und Nahrungsergänzungsprodukten (z.B. Algen).
- Termin nach Vereinbarung!
- www.naturundtrendprodukte.de

Käfer's Delikatessenlager
Heimstettener Str. 1
85599 Parsdorf
☎ 089/4168420

- Lagerverkauf u.a. von Weinen, Delikatessen, aber auch Boutique-Artikeln (Motiv-Haferl).
- ! Mi. und Fr. frischer Fisch aus Frankreich!
- Mo.-Fr. 8-20 Uhr, Sa. 8-16 Uhr
- www.lagerverkauf-parsdorf.de

K. Lehmann
Bahnhofstr. 16
85540 Haar
☎ 089/46200746

- Lagerverkauf: Weine, Champagner Restposten u.v.m..
- Di. 15-19 Uhr, Do. 15-20 Uhr, Fr. 12-19 Uhr, Sa. 10-13 Uhr

1.6 Nahrungs- und Genussmittel

München-Region

Müller-Brot
Ludwig-Erhard-Str. 2
85375 Neufahrn
(b. Freising)
☎ 08165/790

- Im Werksladen Verkauf von Semmeln und Brezen sowie des Überproduktionssortiments an Broten, Kuchen, Gebäck zu herabgesetzten Preisen. Ersparnis ca. 30 %.
- Mo.-Fr. 6-18.30 Uhr, Sa. 6-13 Uhr, So. 8-11 Uhr

Pastasia
Rosenheimer Landstr. 14
85653 Peiss
☎ 08095/870728

- Direktverkauf italienischer Teigwaren aus eigener Herstellung.
- Mo.-Do. 9-18 Uhr, Fr. 9-14 Uhr

Hugo Vogel
Sonnenring 8
84032 Altdorf
☎ 0871/93231-0

- Werksverkauf top-frischer Fleisch- und Wurstwaren.
- Di.-Fr. 8-14 Uhr

Staatliche Molkerei Weihenstephan
Milchstr. 1
85354 Freising
☎ 08161/1720

- Werksverkauf von Milchprodukten; wechselndes Angebot: Milch, Sahne, Butter, Käse, Quark etc.. Der Preis richtet sich nach der Haltbarkeit.
- Mo. 13-17 Uhr, Mi.-Fr. 9-17 Uhr

Wein aus Spanien
Weipertshausen 11
82541 Münsing
☎ 08177/92233

- Lagerverkauf spanischer Weine ab Palette (Direktimport).
- Mo.-Sa. nach telefonischer Vereinbarung

www.netwein.de

Wetzel
Oblaten- und Waffelfabrik
Donaustr. 35
89407 Dillingen
☎ 09071/8590-2176

- Werksverkauf aus dem großen Oblaten- und Waffelsortiment.
- ! Auch Wachserzeugnisse im Werksladen erhältlich! Evtl. mit Besuch von Gropper (Bissingen) oder Zott (Meitingen) verbinden!
- Mo.-Fr. 9-18 Uhr, Sa. 9-12.30 Uhr

Zott
Dr.-Streichele-Str. 4
86690 Meitingen
☎ 09078/8010

- Werksverkauf aus dem Zott-Sortiment.
- ! Evtl. mit Besuch des Fabrikverkaufs Wetzel in Dillingen verbinden!
- Mo.-Fr. 7-18 Uhr, Sa. 7-12 Uhr

München-Mitte

City Parfümerie
Dachauerstr. 7
80335 München
☎ 089/596658

Bei vielen Artikeln ca. 20 % Ersparnis.
Mo.-Fr. 9-19 Uhr, Sa. 9-16 Uhr

Hela Parfümerie
Theresienstr. 63
80333 München
☎ 089/521755

Bei vielen Artikeln ca. 20 % Ersparnis.
Weitere Filialen München-Mitte: Weinstr. 6, 089/2904291; Sendlinger Str. 62, 089/265555; Neuhauser Str. 39, 089/2388583; Rosental 7, 089/265283.
Mo.-Fr. 9-20 Uhr, Sa. 9-16 Uhr

Jana Parfümerie
Oberanger 24
80331 München
☎ 089/267004

Kosmetik-Markenartikel zu Discountpreisen.
Mo.-Fr. 9.30-19 Uhr, Sa. 9.30-16 Uhr

Stachus Parfümerie
Stachus Einkaufszentrum 14
80335 München
☎ 089/554009

Markenkosmetik dauerhaft sehr günstig, ca. 20 % Ersparnis.
Mo.-Fr. 9-20 Uhr, Sa. 9-16 Uhr

Zentral-Drogerie
Meidinger
Schillerstr. 11
80336 München
☎ 089/557093 / 94

Bei allen Artikeln ca. 20 % Ersparnis.
Mo.-Fr. 9-19 Uhr, Sa. 9-15 Uhr

München-Nord

Düfte Parfümerie
Türkenstr. 63
80799 München
☎ 089/2724675

Bei allen Artikeln ca. 20 % Ersparnis.
Mo.-Fr. 10-19 Uhr, Sa. 10-15 Uhr

1.7 Parfümerieartikel

München-Nord

Hela
Parfümerie

Leopoldstr. 48
80802 München
☎ 089/399843

- Bei vielen Artikeln ca. 20 % Ersparnis.
- Mo.-Fr. 9-20 Uhr, Sa. 9-16 Uhr

Parfümerie Christine

Schellingstr. 45
80799 München
☎ 089/2800287

- Bei allen Artikeln ca. 20 % Ersparnis.
- Mo.-Fr. 9-19 Uhr, Sa. 9-16 Uhr

Parfümerie Shop

Ingolstädter Str. 40
80807 München
☎ 089/3599211

- Parfümerieartikel sehr günstig.
- Mo.-Mi. 10-17 Uhr, Do., Fr. 9.30-20 Uhr, Sa. 9.30-15 Uhr

München-West

Winthir Parfümerie

Winthirstr. 8
80639 München
☎ 089/163328

- Bei allen Artikeln ca. 20 % Ersparnis. Weitere Filiale Fürstenrieder Str. 28 a, 089/58929833.
- Mo.-Fr. 9.30-18 Uhr, Sa. 9.30-13.30 Uhr

München-Mitte

Sporttech
Sporttechnology

Ickstattstr. 6
80469 München
☎ 089/26023330

🛈 Fabrikverkauf: Skier und Boards.

🕘 Oktober bis Ostern Mo.-Do. 8-12 Uhr, 14-17 Uhr, Fr. 8-14 Uhr

---

München-Nord

Hot Spot 2
Sport Scheck

Hanauer Str. 85
80993 München
☎ 089/14079661

🛈 Markensportartikel und Trendfashion mindestens 50 % reduziert. Das Sortiment beinhaltet nur 1a-Ware und resultiert aus Überbeständen (Restposten der Vorsaison).

🕘 Mo.-Fr. 10-20 Uhr, Sa. 9-16 Uhr

Radl Bauer

Maria-Probst-Str. 23
80939 München
☎ 089/31699403

🛈 Lagerverkauf von Fahrrädern - Auslaufmodelle, Modelle mit Lackkratzern.

🕘 Mi., Fr. 13-18 Uhr

Sport Bittl

Elly-Staegmayr-Str. 9
80999 München
☎ 089/892190

🛈 Lagerverkauf von Sportartikeln im Zwei-Wochen-Turnus, oft am 1. und 3. Sa. des Monats (Verschiebungen sind möglich!).

🕘 8.30-16 Uhr

www.bittl.de

München-West

Obletter

Wilhelm-Hale-Str. 42
80639 München
☎ 089/55089510

🛈 Lagerverkauf von Spielwaren: Restposten, Auslaufmodelle, 2. Wahl.

🕘 Einmal im Monat, ein Sa. 8.15-14 Uhr;
genauen Termin erfragen!

1.8 Spielwaren und Sportartikel

München-Ost

Hot Spot 1
Sport Scheck

Orleansplatz 11
81667 München
☎ 089/44900341

🛈 Markensportartikel und Trendfashion mindestens 50 % reduziert. Das Sortiment umfaßt nur 1a-Ware. Die Angebote resultieren ausschließlich aus Überbeständen (Restposten der Vorsaison).
Weiterer Hot Spot: 82008 Taufkirchen, Grünwalder Weg 34, Tel. 089/61453195, Mo.-Fr. 9-20 Uhr, Sa. 9-16 Uhr: auch mit aktueller Ware, wie Skiausrüstungen, Snowboards und Fahrräder sowie Restposten und Auslaufmodelle.

🕘 Mo.-Fr. 10-20 Uhr, Sa. 9-16 Uhr

München-Region

Bauer Sport

Industriestr. 7
85609 Aschheim
☎ 089/9031542

🛈 Lagerverkauf: Sportartikel und -bekleidung; Restposten, Auslaufmodelle, Sonderposten, manchmal auch aktuelle Ware

🕘 Ca. alle 2-3 Monate! Genauen Termin erfragen!

Deuter

Siemensstr. 1
86368 Gersthofen
☎ 0821/4987-125

🛈 Werksverkauf: Rucksäcke der unterschiedlichsten Art, Koffer, Reisetaschen, Sporttaschen; nur 2. Wahl oder Artikel der Vorjahressaison.

🕘 Di., Do. 8-16 Uhr

Gerlspeck
Schuh Sport Mode

Franz-Brombach-Str. 12
85435 Erding
☎ 08122/7088

🛈 Lagerverkauf: Sportartikel und Schuhe; Auslaufmodelle und Sonderposten.

! Info unter www.skipreise.de

🕘 Der Lagerverkauf mit Beratung findet unregelmäßig mehrmals im Jahr statt.

Intersport Menzel
Versteigerungs-Auktionshalle

85640 Putzbrunn
☎ 089/4302094

🛈 Lagerverkauf: Sportartikel, Auslaufmodelle, Sonderposten.

🕘 Termin unregelmäßig, einige Male im Jahr. Nächsten Termin erfragen!

Spielwaren und Sportartikel 1.8

München-Region

Ortovox
Rotwandweg 5
82024 Taufkirchen
☎ 089/666740

🛈 Sport- und Freizeitbekleidung, Sport-Unterwäsche, Walkjanker, Tourenrucksäcke; Restposten, Auslaufmodelle etc..

🕘 Einmal im Jahr ca. im November. Im Oktober anrufen und Termin erfragen!

www.ortovox.com

Salewa
Saturnstr. 63
85609 Aschheim
☎ 089/909930

🛈 Lagerverkauf: Outdoor Ausrüster, Rucksäcke, Schlafsäcke, Wanderjacken, Baumwollhosen, T-Shirts; Musterteile, Fotomuster, Einzelstücke; keine aktuelle Ware.

🕘 Zweimal im Jahr: ca. Mai/Juni und November

www.salewa.de

Sport Fundgrube
Rosenheimer Str. 9
83714 Miesbach
☎ 08025/8150

🛈 Lagerverkauf: Sportmarkenartikel sehr günstig; Sportschuhe, Trekkingbekleidung und -ausrüstung, Tennis- und Golfartikel, Ski, Skischuhe, Snowboards, Snowboardbekleidung etc.. Auf den Aufkauf von Restposten und Sonderposten spezialisierter Händler.

🕘 Mo.-Fr. 9-19 Uhr, Sa. 9-16 Uhr

www.sportfundgrube.de

Steiff
Spielwarenfabrik

Alleenstr. 2
89537 Giengen
☎ 07322/1311

🛈 Fabrikverkauf: Plüschtiere 1. Wahl ca. 20 % Ersparnis, bei 2. Wahl bis 40 % Ersparnis.

🕘 Mo.-Fr. 9-18 Uhr, Sa. 8.30-12 Uhr, 1. Sa. im Monat 8.30-16 Uhr

---

Sonstiges 1.9

Autositzbezüge 1.9.1

München-West

Engel
Landshuter Allee 81
80637 München
☎ 089/164489

🛈 Fabrikverkauf: Autositzbezüge, Lammfellartikel.

🕘 Mo.-Fr. 9-18 Uhr, Sa. 9-13 Uhr

1.9.2 Gesundheitsbedarf

München-West

Aloe Vera Center
Landsberger Str. 480
81241 München
☎ 089/8299120

- ⓘ Aloe Vera-Produkte vom Weltmarktführer zur innerlichen und äußerlichen Anwendung für Wellness, Anti-Aging, Gesundheit.
- ! Bitte beachten Sie die Anzeige auf dieser Seite!
- 🕘 Täglich 9-22 Uhr

München-Region

Dr. Niedermeier
Pharmazeutische
Fabrik

Taufkirchener Str. 59
85662 Hohenbrunn
☎ 089/660797-0

- ⓘ Fabrikverkauf von Naturarzneien, Kuren für Magen, Darm, Galle, Haut, Nahrungsmittelergänzung, Pollen; Ersparnis ca. 20 %.
- 🕘 Mo.-Do. 9-16 Uhr, Fr. 10-12 Uhr

Kneipp-Werke
Leonhard-Oberhäußer-
Str. 3
86825 Bad Wörishofen
☎ 08247/9659-0

- ⓘ Fabrikverkauf von Kneipp-Produkten.
- 🕘 Di. 15-17 Uhr, Mi. 10-12 Uhr, Do. 10-12 Uhr

Kinderausstattung 1.9.3

München-Region

Berger
Am Industriegleis 9
84030 Ergolding
☎ 01805/882225

🛈 Lagerverkauf: Kinderwagen, Kinder-Autositze; Baby-Wippen, Kinderzimmer, Matratzen, Bettwäsche, Krabbeldecken, Tischsitze, Kinderreisebetten etc., 1. und 2. Wahl.

🕘 Do.10-20 Uhr, Fr. 10-18 Uhr, Sa. 9-13 Uhr

Pflanzen 1.9.4

München-Region

Rotter
Hydrokulturen

Aitersteinering 17
85661 Forstinning
☎ 08124/7071

🛈 Direktverkauf des größten Hydrokultur-Gartenbetriebs Süddeutschlands auf 7000 qm.

! Bitte beachten Sie die Anzeige auf S. 60!

🕘 Mo.-Fr. 8-15.30 Uhr, Sa. 9-12 Uhr

www.MagicGreen.de

Porzellan, Keramik, Kochgeschirr 1.9.5

München-Mitte

Sölch
Porzellan-Glas-Keramik

Paul-Heyse-Str. 31 a
Rgb.
80336 München
☎ 089/539676

🛈 Porzellan, Kristall, Bestecke der führenden Hersteller zu günstigen Preisen. Ware nicht vorrätig, wird bestellt, dauert ca. 2-6 Wochen, dafür sind die Artikel ca. 20 % günstiger.

🕘 Mo.-Do. 8-17 Uhr, Fr. 8-14 Uhr

DIREKTVERKAUF
Größter Hydro-Kultur-Gartenbetrieb Süddeutschlands
7000qm Pflanzenparadies in Forstinning
● Top-Auswahl,
z.B. Elefantenfuß, Yucca
● 1a-Qualität
aus eigenem Anbau
● Gefäße und Zimmerbrunnen
in Riesenauswahl
Öffnungszeiten
Montag - Freitag
8.00 - 15.30 Uhr
Samstag
9.00 - 12.00 Uhr
ROTTER Hydrokulturen
85661 Forstinning-Aitersteinering 17 Tel. 08124/70 71
nach Autobahnende A 94, Richtung altes Gewerbegebiet Forstinning
www.MagicGreen.de

Porzellan, Keramik, Kochgeschirr 1.9.5

München-West

Staatliche Porzellan Manufaktur Nymphenburg
Nördliches Schloß-rondell 8
80638 München
☎ 089/1791971-0

🛈 Zum Teil Einzelstücke vom Service, Nymphenburger Figuren, Ziervasen, Tafelschmuck in 2. Wahl vorhanden (10-25 % günstiger).

🕘 Mo.-Fr. 10-17 Uhr, Sa. 10-16 Uhr

München-Region

Harecker
Pfannen

Jahnstr. 12
85661 Forstinning
☎ 08121/40038

🛈 Lagerverkauf: Pfannen und Töpfe mit kleinen Schönheitsfehlern, Auslaufmodelle, Ausstellungsstücke; ca. 30 % Ersparnis.

🕘 Termin ca. Anfang November, vorher anrufen oder in die Kundenkartei eintragen lassen.

Kocheler Keramik
Graseckstr. 47
82431 Kochel am See
☎ 08851/246

🛈 Herstellerverkauf: Handbemaltes, rustikales Keramikgeschirr, Service und Übertöpfe.

🕘 Mo.-Fr. 9-18 Uhr, Sa. 9-12 Uhr

Schmuck 1.9.6

München-Region

Gold-Fink
Bismarckstr. 2
87600 Neugablonz/Kaufbeuren
☎ 08341/8686

🛈 Werksverkauf: Echt-Schmuck, Perlen, Goldschmuck z.B. Ketten, Ohrringe, Ringe; nur 1. Wahl, Musterteile, Überproduktion.

🕘 Mo.-Fr. 9.30-17 Uhr

1.9.6 Schmuck

München-Region

Emil Hübner & Sohn
Sonnenstr. 17
87600 Neugablonz/Kaufbeuren
☎ 08341/6372

🛈 Fabrikverkauf: Modeschmuck aus Glas und Kunststoff.
🕘 Mo.-Do. 8-12 Uhr, 13-17 Uhr, Fr. 8-12 Uhr

Mikolasch
Hüttenstr. 24
87600 Neugablonz/Kaufbeuren
☎ 08341/6329

🛈 Werksverkauf: Modeschmuck.
🕘 Mo.-Do. 8-12 Uhr, 13-17 Uhr, Fr. 8-12 Uhr

Walter Stöckel
Knopfgasse 30
87600 Neugablonz/Kaufbeuren
☎ 08341/62320

🛈 Herstellerverkauf: Modeschmuck.
🕘 Mo.-Do. 9-12 Uhr, 14-17 Uhr, Fr. 9-12 Uhr

1.9.7 Tresore

München-Süd

Heindl Tresore
Tegernseer Landstr. 141
81539 München
☎ 089/6923387

🛈 Tresore, Stahlschränke, Geldkassetten, Wertschutzschränke, Datensicherungsschränke, Tresortüren usw. in großer Auswahl, sehr günstig (Ausstellungsstücke und Gebrauchtprodukte) bis zu 50 % Nachlass.
🕘 Mo.-Fr. 8.30-18 Uhr, Sa. 9.30-12.30 Uhr
www.heindl-tresore.de

Wasch- und Reinigungsmittel 1.9.8

München-Nord

Dr. Schnell Chemie
Taunusstr. 19
80807 München
☎ 089/350608-0

🛈 Fabrikverkauf: Reinigungsmittel für Geschirr, Bad, Küche, Waschmittel, Waschemulsionen, Körperpflegemittel.

🕘 Mo.-Fr. 8-17 Uhr

Warenhaus-Lagerverkauf 1.9.9

München-Region

Karstadt-Lagerhaus
Oskar-von-Miller-Str. 2
85551 Kirchheim
☎ 089/90775827

🛈 Lagerverkauf immer zum Monatsanfang oder -ende. Termin hängt aus oder erfragen. Angebote aus den Bereichen Damen-, Herren-, Kinderbekleidung, Heimtextilien, Haushaltswaren, Heimwerker-, Elektrogeräte, Sportartikel und Spielwaren etc.

🕘 Mo.-Fr. 10-18 Uhr, Sa. 10-16 Uhr

---

2 Gastronomie

München-Mitte

Asado
Steak-Haus

Leopoldstr. 28 a
80802 München
☎ 089/390050

🛈 Mi. ab 18 Uhr: All-you-can-eat Spareribs.

! Das Angebot gilt auch bei Asado Steak-Haus, Leonrodstr. 73, 80636 München (Tel.: 089/183616).

🕘 Täglich 11-24 Uhr

Asia
China Restaurant

Erhardtstr. 15
80469 München
☎ 089/2014224

🛈 Fr., Sa. ab 17.30 Uhr, So. ganzer Tag chinesisches All-you-can-eat Buffet zu € 12,-.

🕘 Täglich 11.30-15 Uhr, 17.30-23.30 Uhr

Bahr's & More

Trappentreustr. 23
80339 München
☎ 089/32120456

🛈 Täglich Happy Hour von 17-20 und 23-1 Uhr und von Do. bis Sa. durchgehend: alle gängigen Cocktails günstiger.

🕘 Täglich Mo.-Mi. 17-1 Uhr, Do.-Sa. 17-2 Uhr

www.bahrs-more.de

Buena Vista

Am Einlaß 2a
80469 München
☎ 089/26022811

🛈 Täglich Happy Hour von 18-20 Uhr: alle gängigen Cocktails günstiger, Di.: den ganzen Abend Happy Hour!

! An manchen Tagen gibt es kubanische Live Musik!

🕘 Täglich 9-1 Uhr

Café Baader

Baaderstr. 47
80469 München
☎ 089/2010638

🛈 Täglich Happy Hour von 18-20 Uhr: alle gängigen Cocktails und Longdrinks günstiger.

🕘 Täglich 10-1 Uhr, am Wochenende bis 2 Uhr

Café Ça va

Kazmairstr. 44
80339 München
☎ 089/5028584

🛈 Happy Hour täglich 18-20 Uhr und 22.30-1 Uhr: Cocktails günstiger.

🕘 Täglich 18-1 Uhr

Café Stacherias

Karlsplatz 8
80335 München
☎ 089/51505930

🛈 Happy Hour: 9-11 Uhr für Heissgetränke, 20.30-23 Uhr für Drinks.

🕘 Mo.-Sa. 9-24 Uhr, So./Fei. 10-22 Uhr

www.stacherias.de

2.1 Happy Hours

München-Mitte

Café Uhu
Theresienstr. 138
80333 München
☎ 089/522351

🛈 Happy Hour täglich ab 22.30 Uhr: einige Cocktails günstiger.
🕘 Täglich Mo.-Do. 11-3 Uhr, Fr. 11-15, 18-3 Uhr, Sa. 18-3 Uhr

---

Café Westend
Ganghoferstr. 50
80339 München
☎ 089/508341

🛈 Täglich Happy Hour von 21-24 Uhr: alle gängigen Cocktails günstiger.
! Jeden Montag ab 20 Uhr All-you-can-eat Tex-Mex-Buffet!
🕘 Täglich 9-1 Uhr

Carlton
Brienner Str. 10
80333 München
☎ 089/281518

🛈 Happy Hour täglich von 17-20 Uhr: Cocktails günstiger.
🕘 Mo.-Sa. 11-1 Uhr

COHIBAR
Herzog-Rudolfstr. 2
80539 München
☎ 089/22880289

🛈 Happy Hour So., Mo. 18-3 Uhr.
🕘 Täglich 18-3 Uhr

Cubanos
Buttermelcherstr. 5
80469 München
☎ 089/24217885

🛈 Happy Hour täglich von 18-20 Uhr und 23-1 Uhr: Cocktails günstiger. Sonntags: Essen und Trinken zum halben Preis, Mi.: Caipirinha € 3,-, Do.: Margarita € 3,-.
🕘 Täglich 17-1 Uhr
www.cubanos.de

Das Gollier
Gollierstr. 83
80339 München
☎ 089/501673

🛈 Happy Hour: Mo.-Sa. 17-18 Uhr sowie zwei gleiche Gerichte zum Preis von einem.
! Mittagsbuffet zu € 5,30, So. Brunch!
🕘 Mo.-Fr. 11.30-15 Uhr, 17-24 Uhr; Sa. 17-24 Uhr; So. 12-24 Uhr

---

Der kleine Chinese
Tal 28
80331 München
☎ 089/29163536

🛈 Happy-Ess-Hour täglich von 10-18.30 Uhr: die meisten Gerichte sind € 0,50 billiger.
! Angebot gilt auch in folgenden Filialen: Fraunhoferstr. 35 (089/2021132), Schleißheimer Str. 18 (089/529934), Weißenburger Str. 16 (089/48996777)!
🕘 Täglich 10-22 Uhr

München-Mitte

Ehrengut
Ehrengutstr. 15
80469 München
☎ 089/76700640

🛈 Happy Hour: tägl. 21.30-23.30 Uhr alle Cocktails € 5,10, Sa. Caipi-Abend zu € 2,60/Drink.
🕘 Täglich 9-1 Uhr

Enchilada
Gabelsbergerstr. 97
80333 München
☎ 089/522297

🛈 Happy Hour 17-20 Uhr: alle Cocktails zum halben Preis; von 23-1 Uhr: Margarita Happy Hour.
🕘 Täglich 17-1 Uhr
www.enchilada.de

Faun
Hans-Sachs-Str. 17
80469 München
☎ 089/263798

🛈 Happy Hour 17-19 Uhr: Biere günstiger, Cocktail Happy Hour: 18-20 Uhr und 23-0.30 Uhr; Frühstücken bis 10 Uhr zum halben Preis.
🕘 Täglich 9-1 Uhr, Fr., Sa. 9-2 Uhr

Forum
Corneliusstr. 2
80469 München
☎ 089/268818

🛈 Happy Hour tägl. 17-19 Uhr, Mo.-Do. 23-1 Uhr und Fr., Sa. 23-3 Uhr: jeder Cocktail € 4,80.
! Am Wochenende spielt immer ein DJ.
🕘 So.-Mi. 8-1 Uhr, Do.-Sa. 8-3 Uhr

Gecco
Food & Drinks
Volkartstr. 68
80636 München
☎ 089/1234377

🛈 Happy Hour 23-24 Uhr: alle Cocktails € 4,40, Mo. ganzer Abend.
🕘 Täglich 18-1 Uhr

Hard Rock Café
Platzl 1
80331 München
☎ 089/2429490

🛈 Happy Hour Mo.-Fr. 16-19 Uhr.
! Live Musik an bestimmten Tagen; Termin erfragen!
🕘 Täglich 12-1 Uhr, Fr., Sa. 12-3 Uhr
www.hardrock.com

Harpers and Queens
Sendlinger Str. 46
80331 München
☎ 089/26949560

🛈 Happy Hour 18-20 Uhr.
🕘 Mo.-Do. 18-1 Uhr, Fr.-So. 18-3 Uhr

München-Mitte

Hiscox
ART Bar & Restaurant

Oberanger 28
80331 München
☎ 089/23236490

- Kaffee Happy Hour (werk-)täglich 8-11 Uhr: Kaffee für € 1,50.
- ! Freitag Clubbing mit ausgewählten DJ's; Take away bag bis 17 Uhr.
- Täglich Mo.-Do. 8.30-1 Uhr, Fr., Sa. bis 3 Uhr., Sa., So. ab 10 Uhr

www.hiscox-art-bar.de

Hofer

Burgstr. 5
80331 München
☎ 089/24210444

- Happy Hour 17-19 Uhr und 22.30-0.30 Uhr: jeder Cocktail nur € 4,-.
- Mo.-Sa. 10-1 Uhr, So. 10-17 Uhr

Hongkong Bar

Kapuzinerstr. 39
80469 München
☎ 089/2010205

- Happy Hour 18-20 Uhr (täglich): jeder Cocktail € 5,50.
- So.-Do. 18-1 Uhr, Fr., Sa. 18-3 Uhr

Indian Bar

Sebastianplatz 3
80331 München
☎ 089/2605558

- Happy Hour Mo.-Sa. 17-19.30 Uhr: Cocktails zum halben Preis.
- Mo.-Fr. 17-1 Uhr, Sa. 18-1 Uhr

Il Corso

Ligsalzstr. 46
80339 München
☎ 089/50096858

- Jeden Mi. von 11.30-15 Uhr jede Holzofen-Pizza € 5,80.
- Täglich 11.30-14.30, 17.30-23.30 Uhr

Joe Penas

Buttermelcherstr. 17
80469 München
☎ 089/226463

- Happy Hour: von 17-20 Uhr und 23-1 Uhr Cocktails günstiger.
- Täglich 17-1 Uhr

Kraftakt
Internetcafe

Thalkirchner Str. 4
80337 München
☎ 089/21588881

- Von 19-21 Uhr jeden Do. Cocktailbörse, jeden Mi. 19-21 Uhr jedes Bier nur € 1,-.
- Täglich 10-1 Uhr

www.kraftakt.de

München-Mitte

Legends
Theresienstr.93
80333 München
☎ 089/526886

🛈 Happy Hour: von 17-20 Uhr Cocktails günstiger.
🕘 So.-Do. 10-1 Uhr, Fr., Sa.10-3 Uhr
www.legends-muenchen.de

Los Bandidos
Thalkirchner Str. 71
80337 München
☎ 089/74793327

🛈 Happy Hour: So.-Mi. 18-21 Uhr, Essen und Trinken zum halben Preis. Do. 18-21 Uhr halber Preis auf Getränke.
! Junges Publikum!
🕘 Täglich 18-1 Uhr

Maredo
Steak Restaurant
Tal 8
80331 München
☎ 089/294661

🛈 Late Night Special ab 21.30 Uhr: Spare Ribs all you can eat und Salat-Buffet zum halben Preis. Dieses Angebot gibt es auch am Rindermarkt 5 (089/2607410).
🕘 Täglich 11.30-23.30 Uhr

Matoi
Hans-Sachs-Str. 10
80469 München
☎ 089/2605268

🛈 Am Mo. gibt es gemischte Sushi-Platten (9 Stück) für € 15,-, täglich ab 22 Uhr gemischte Sushi-Platte € 11,-.
🕘 Mo.-Sa. 18.30-23.30 Uhr

Mexicanos
Bruderstr.6
80538 München
☎ 089/21568474

🛈 Happy Hour täglich von 18-20 Uhr und 23-1 Uhr: Cocktails günstiger.
🕘 Täglich 17-1 Uhr
www.mexicanos.de

Minh
Kapuzinerstr. 7
80337 München
☎ 089/54329362

🛈 Jeden Tag chinesisches Buffet (all you can eat) für € 6,-.
🕘 Täglich 11.30-14.30, 17.30-22 Uhr

Moro
Die Wirtshausbar
Müllerstr. 30
80469 München
☎ 089/23002992

🛈 Happy Hour täglich von 22-1 Uhr: Cocktails günstiger.
! So. und Fei. Brunch von 11-14 Uhr
🕘 Mo.-Do. 11.30-14.30 Uhr und 18-1 Uhr, Fr., Sa. 16-1 Uhr, So. 11-16 Uhr

---

2.1 Happy Hours

München-Mitte

Olé Madrid Häberlstr. 15 80337 München ☎ 089/537716	🛈 Happy Hour täglich von 17-20.30 Uhr und 23-1 Uhr: Cocktails günstiger. 🕘 Täglich 17-1 Uhr
Orlando Platzl 4 80331 München ☎ 089/24238030	🛈 Happy Hour täglich von 15-19 Uhr und 22-1 Uhr: Cocktails günstiger. 🕘 Täglich 9-1 Uhr
Padres Blumenstr. 43 80331 München ☎ 089/264263	🛈 Happy Hour: 19-21 Uhr: alle Cocktails 50 % billiger. 🕘 Täglich 19-3 Uhr
Pizza Avanti Baldestr. 16 80469 München ☎ 089/20239090	🛈 Täglich Happy Hour von 21-22.45 Uhr: 25 % Preisreduzierung auf alle Pizzen. 🕘 Mo.-Fr. 11-13.45 Uhr, 17-22.45 Uhr, Sa. 17-22.45 Uhr, So., Fei. 11-22.45 Uhr www.avanti.de
Pur Pur Oriental Bar & Restaurant Dreimühlenstr. 30 80469 München ☎ 089/747457	🛈 So.-Do. 17-19 Uhr alle Cocktails günstiger. 🕘 Täglich 17-1 Uhr www.pur-pur-bar.de
Rincon Rumfordstr. 34 80469 München ☎ 089/21939340	🛈 Happy Hour 18-20 Uhr: Cocktails günstiger. ! Sheesha-Lounge: orientalische Lounge mit Wasserpfeife! 🕘 Mo.-Do. 11-15 Uhr, 18-1 Uhr, Fr., Sa. 18-1 Uhr
Ryles Franz-Josef-Strauß-Ring 4 80539 München ☎ 089/21268230	🛈 Täglich Happy Hour von 17-20 Uhr, Cocktails günstiger. 🕘 Täglich 9-1 Uhr www.ryles.de

München-Mitte

Sausalitos
Tal 16
80331 München
☎ 089/24295494

🛈 Happy Hour täglich 17-20 Uhr: Cocktails günstiger, Margarita Hour ab 23 Uhr.
🕘 Täglich 11-1 Uhr, So. 16-1 Uhr

Sax
Hans-Sachs-Str. 5
80469 München
☎ 089/268835

🛈 Täglich Happy Hour von 10-20 Uhr und ab 22 Uhr, Fr., Sa. erst ab 24 Uhr Cocktails günstiger.
🕘 Täglich 10-1 Uhr, Fr., Sa. bis 3 Uhr

Sinans
Mozartstr. 4
80336 München
☎ 089/51563784

🛈 Happy Hour täglich ab 18 Uhr: Cocktails günstiger.
🕘 Täglich 9-1 Uhr

Stadtgespräch
Augustenstr. 53
80333 München
☎ 089/52315208

🛈 Täglich Happy Hour von 21.30-22.30 Uhr, Cocktails günstiger.
🕘 Mo.-Fr. 11.30-14.30 Uhr, 17.30-24 Uhr, Sa. 17.30-24 Uhr

STOA
Gollierstr. 38
80339 München
☎ 089/5024613

🛈 Speisen-Happy-Hour Mo.-Fr. 16.30-19.00 Uhr: alle Speisen bis € 7,50 für € 5,-, über € 7,50 für € 7,50.
! So.: Dinner for 2 von 17-21 Uhr (bei gleichen Gerichten: zwei Personen essen - eine zahlt); 1-2 mal im Monat am Wochenende: Pop Classic live. Eintritt frei!
🕘 Mo.-Do. 11-1 Uhr, Fr., Sa. 10-3 Uhr, So. 10-1 Uhr

Substanz
Ruppertstr. 28
80337 München
☎ 089/7212749

🛈 Täglich Happy Hour von 20-22 Uhr: Cocktails günstiger.
🕘 So.-Do. 20-1 Uhr, Fr., Sa. 20-3 Uhr

Südstadt
Thalkirchner Str. 29
80337 München
☎ 089/7250152

🛈 Täglich von 19 bis 21 Uhr Happy-Hour: alle Getränke günstiger.
🕘 Täglich 19-1 Uhr, Do.-Sa. bis 2 Uhr

München-Mitte

sushi + soul
Klenzestr. 71
80469 München
☎ 089/2010992

- Happy Hour täglich 18-20 Uhr: alle Cocktails günstiger, Bentotime täglich von 18-19.30 Uhr: Sushi Tennobox € 15,- , So., Mo. 22-24 Uhr Sushi zum halben Preis.
- Täglich 18-1 Uhr
- www.sushi-soul.de

Taverna Palet
Zenettistr. 37
80336 München
☎ 089/778963

- Am Do. kostet der Caipirinha nur € 4,-.
- ! Türkische Musik mit DJ!
- Täglich 17-1 Uhr, Fr., Sa. bis 3 Uhr

Tizian
Maxburgstr. 4
80333 München
☎ 089/29163938

- Happy Hour täglich ab 22 Uhr: Cocktails günstiger.
- Mo.-Sa. 9-1 Uhr, So. 10-17 Uhr

Tresznjewski
Theresienstr. 72
80333 München
☎ 089/282349

- Happy Hour täglich ab 17 Uhr Cocktails günstiger; bis 11 Uhr Milchkaffee und Cappuccino für € 1,30.
- So.-Do. 8-2 Uhr, Fr., Sa. bis 3 Uhr

Tumblinger
Maistr. 26
80337 München
☎ 089/53868767

- Happy Hour täglich 17-20 Uhr und Mo.-Do. 22.30-0.30 Uhr: Cocktails günstiger.
- ! Montag: All-you-can-eat-Buffet! Spezielles, günstiges Mittagsangebot.
- Täglich 9-1 Uhr
- www.tumblinger.de

Wirtshaus Ligsalz
Ligsalzstr. 23
80339 München
☎ 089/504292

- Happy Hour: Mo.-Fr. 17-19 Uhr und 22.30-0.30 Uhr Cocktails günstiger. Speise-Happy-Hour Mo.-Fr. 17-19 Uhr: alle Speisen € 5,15, So. 18-21 Uhr: alle Speisen € 5,15.
- Mo.-Do. 11-1 Uhr, Fr. 11-3 Uhr, Sa. 15-3 Uhr, So.10-1 Uhr
- www.ligsalz.de

Wirtshaus zum Straubinger
Blumenstr. 5
80331 München
☎ 089/232383-0

- Happy Hour 22-1 Uhr: Cocktails günstiger.
- Täglich 10-1 Uhr

München-Mitte

Zoozie'z
Wittelsbacherstr.15
80469 München
☎ 089/2010059

- Happy Hour Mo. 17 Uhr bis Ende, ansonsten 18-19 Uhr und 23 bis Ende: Cocktails günstiger.
- ! Jeden Mo. große Feierabend-„Revolution": Essen für € 5,50 von 17-21 Uhr. Business Lunch: drei Gerichte für je € 5,50. So. Brunch!
- So.-Mi. 9-1 Uhr, Do., Fr., Sa. 9-3 Uhr

www.zooziez.de

Zur Feuerwache
Blumenstr. 21 a
80331 München
☎ 089/2604430

- Happy Hour täglich 11-17 Uhr: Getränke günstiger sowie Dämmerschoppen täglich 20-22 Uhr: Bier und Schnaps billiger.
- Täglich 11-1 Uhr

München-Nord

Albatros
Discothek

Occamstr.5
80802 München
☎ 089/399755

- Happy Hour am Do.: jeder Longdrink für € 3,-.
- So.-Do. 20-1 Uhr, Fr., Sa. 20-3 Uhr

Alte Galerie
Kaulbachstr. 75
80802 München
☎ 089/349887

- Do. alle Drinks € 1,20 bei einem Eintritt von € 6,-.
- Mi.-Sa. 20-2 Uhr, Fr., Sa. bis 3 Uhr

Bierkeller '90
Feilitzschstr.15
80802 München
☎ 089/349843

- Happy Hour von Mai bis September 20-22 Uhr: alle offenen Getränke wie Cola, Spezi, Säfte, Bier halber Preis.
- Täglich 20-1 Uhr, am Wochenende bis 3 Uhr

Die Bierstube
Helene-Mayer-Ring 9
80809 München
☎ 089/3517749

- Happy Hour Fr.-Mo.: 20-21 Uhr jedes Bier € 1,-.
- Täglich 18.30-0.30 Uhr

2.1 Happy Hours

München-Nord

Blücher
Keferloherstr. 87
80807 München
☎ 089/35009188

🛈 Happy Hour täglich ab 22 Uhr: Cocktails günstiger.
🕘 Täglich 10-1 Uhr

Bobolovsky's
Ursulastr. 10
80802 München
☎ 089/397363

🛈 Happy Hour So.-Do. 21-0.30 Uhr: alle Cocktails günstiger, Happy Monday ab 20 Uhr All-you-can-eat € 8,90, Happy Lunch Mo.-Fr. 11-14 Uhr jedes Gericht, das € 10,- kostet zu € 5,60.
🕘 Täglich 9-1 Uhr
www.bobolovsky.de

Boongo's
Belgradstr.16
80796 München
☎ 089/334379

🛈 Happy Hour täglich 17.30-20 Uhr und 24-1 Uhr: Cocktails günstiger.
🕘 So.-Mi. 17.30-1 Uhr, Do.-Sa. 17.30-3 Uhr

Café d'accord
Nordendstr. 62
80801 München
☎ 089/2714506

🛈 Happy Hour Do.-Sa. ab 20 Uhr, Mo-Mi. 18-20 Uhr und ab 23 Uhr: Cocktails günstiger.
! Sa. 14-18 Uhr Live Jazz & Blues!
🕘 Täglich 9-1 Uhr
www.cafe-daccord.de

Café Millennium
Leopoldstr. 42
80802 München
☎ 089/38898430

🛈 Happy Hour So.-Do. 17-20 Uhr und 23-1 Uhr und Fr., Sa. 24-3 Uhr Cocktails günstiger.
🕘 Täglich 8-1 Uhr, Wochenende bis 3 Uhr

Café Munich
Leopoldstr. 9
80802 München
☎ 089/343838

🛈 Happy Hour täglich von 17-20 Uhr und Mi.-Sa. Late Night ab 24 Uhr, Mo.: Caipi-Night ab 17 Uhr, Di. Cocktail-Night ab 17 Uhr, Do.: Margarita-Night ab 17 Uhr.
! Jeden Mi. 19-23 Uhr Tex-Mex-Buffet: all you can eat!
🕘 Täglich 9-2 Uhr, Fr., Sa. bis 3 Uhr

Café Puck
Türkenstr. 33
80799 München
☎ 089/2802280

🛈 Happy Hour von 18.30-20 Uhr: Cocktails günstiger; Caipi-Late: ab 18 Uhr billiger.
🕘 Täglich 9-1 Uhr

München-Nord

Café Schwabing
Belgradstr. 1
80796 München
☎ 089/3088856

Happy Hour täglich von 17-19 Uhr und 23-1 Uhr: Cocktails € 5,-.
Täglich 8-1 Uhr

Casablanca
Herzogstr. 88
80796 München
☎ 089/32388586

Happy Hour täglich von 17-19.30 Uhr. All you can eat: Mo. Spareribs, Di. Burgertag, Do. Schnitzeljagd.
Täglich 17-3 Uhr

Cast
Leopoldstr. 28 a
80802 München
☎ 089/395071

Happy Hour täglich von 16-19 Uhr und 23-1 Uhr: Cocktails günstiger.
So.-Mi. 11-1 Uhr, Do.-Sa. 11-3 Uhr
www.c-a-s-t.de

Champions Bar
Marriot Hotel München
Berliner Str. 93
80805 München
☎ 089/36002799

Happy Hour täglich 17-22 Uhr: Cocktails günstiger.
Täglich 17-2 Uhr

Cocodrillo Bar
Hohenzollernstr. 11
89891 München
☎ 089/336639

Happy Hour täglich von 20-21 Uhr: Cocktails günstiger.
! Do. Live-Musik bei freiem Eintritt!
Täglich 20-1 Uhr, Wochenende bis 3 Uhr

Don Luca
Leopoldstr. 44
80802 München
☎ 089/33019330

Happy Hour Mo.-Fr. von 17-20 Uhr, Sa. 15-20 Uhr und Fr., Sa. ab 23 Uhr, So. ganzer Tag: Cocktails günstiger.
Täglich 17-1 Uhr, Fr., Sa. bis 3 Uhr

Drugstore
Feilitzschstr. 12
80802 München
☎ 089/347531

Happy Hour Mo.-Fr. 18-19 Uhr und 23-24 Uhr.
Täglich 8.30-1 Uhr
www.drugstore.de

München-Nord

e.g.g.e.r
Friedrichstr. 27
80801 München
☎ 089/398526

Happy Hour täglich von 18-20 Uhr: jeder Cocktail € 4,50.
Täglich 10-1 Uhr

Gaststätte Schmidbauer
Allacher Str. 177
80997 München
☎ 089/1401533

Happy Hour 18-20 Uhr und 23-1 Uhr: Cocktails günstiger.
Täglich 11-1 Uhr

Günther Murphy's
Irish Tavern

Nikolaistr. 9
80802 München
☎ 089/398911

Happy Hour: Mo.-Fr. 17-19 Uhr;
So. bis 21 Uhr: Cocktails 1/2 Preis.
! So. Karaoke ab 22 Uhr!
Mo.-Do. 17-1 Uhr, Fr. 17-1 Uhr, Sa. 12-3 Uhr, So. 12-1 Uhr
www.gunther-murphys.com

H_2O
Herzogstr. 2
80803 München
☎ 089/38887172

Happy Hour Mo.-Do 17-20 Uhr und 23-1 Uhr,
Fr., Sa. 17-20 und 1-3 Uhr.
So.-Do. 8-1 Uhr, Fr., Sa. 8-3 Uhr
www.h2obar.de

Ignaz
Georgenstr. 67
80799 München
☎ 089/2716093

Happy-Ess-Hour Mo., Di. 15-22 Uhr, Mi.-Fr. 15-18 Uhr: alle Hauptspeisen inkl. Nachspeise € 4,80.
! Mo., Mi.-So. 8-11.30 Uhr vegetarisches Frühstücks-Buffet!
Täglich 8-23 Uhr

IRMA'S
Biedersteinerstr. 6
80802 München
☎ 089/33066287

Happy Hour täglich von 17-20 Uhr,
Sa. durchgehend von 17-1 Uhr: Cocktails günstiger.
Di.-So.17-1 Uhr

Lardy
Leopoldstr. 49
80802 München
☎ 089/344949

Happy Hour täglich 17-21 Uhr: alle Cocktails günstiger.
Täglich 17-3 Uhr

München-Nord

Lebenslust
Erich-Kästner-Str. 14
80796 München
☎ 089/18927726

🛈 Happy Hour täglich 17-20 Uhr.
! Von Vernissagen, House über Jazzsessions verschiedene Veranstaltungen! Internet kostenlos!
🕘 Mo.-Sa. 16-1 Uhr

Leobar
Leopoldstr. 11
80802 München
☎ 089/381030

🛈 Jeden Mi. während des Semesters brasilianischer Abend bei freiem Eintritt. Getränke: Studentenpreise.
! Eintritt nur für Studenten!
🕘 Mi. ab 20 Uhr während des Semesters

Lisboa Bar
Breisacher Str. 22
81667 München
☎ 089/4482274

🛈 Happy Hour täglich 18-20 Uhr sowie Mo. und So. den ganzen Abend.
🕘 Täglich 18-1 Uhr

Lloyd's
Occamstr. 6
80802 München
☎ 089/337315

🛈 Happy Hour täglich 18-20 Uhr: Cocktails und Shrimps-Gerichte günstiger.
🕘 Täglich 18-1 Uhr, Fr., Sa. bis 2 Uhr

Lunis
Amalienstr. 87
80799 München
☎ 089/288446

🛈 Happy Hour täglich ab 17 Uhr: alle Cocktails € 4,90.
🕘 Täglich 10-0.30 Uhr

Papasitos
Schraudolphstr. 44
80799 München
☎ 089/2721346

🛈 Happy Hour täglich 18-19.30 Uhr: Cocktails günstiger.
🕘 Täglich 17.30-2 Uhr

Paragraph
Winzererstr. 49 a
80797 München
☎ 089/30667671

🛈 Happy Hour täglich ab 22 Uhr: jeder Cocktail € 5,-.
🕘 Mo.-Fr. 8-1 Uhr, Sa., So., Fei. 9-1 Uhr
www.cafe-paragraph.de

München-Nord

Pizza Avanti
Schellingstr. 82
80799 München
☎ 089/2725664

🛈 Täglich Happy Hour von 21-22.45: 25 % Preisreduzierung auf alle Pizzen. Angebot gilt auch: Schleißheimer Str. 253 (089/353095), Franz-Nißl-Str. 16 (089/8120054).

🕘 Mo.-Fr. 11-13.45 Uhr, 17-22.45 Uhr, Sa. 17-22.45 Uhr, So., Fei. 11-22.45 Uhr

www.avanti.de

Pizza Hot
Belgradstr. 37
80796 München
☎ 089/30005612

🛈 Happy Hour: Mo.-Fr. 11-14 Uhr jede kleine Pizza € 5,-, jede große Pizza € 8,50.

🕘 Mo.-Fr. 11-14 Uhr, 17-23 Uhr, Sa. 16-23 Uhr, So., Fei. 11-23 Uhr

www.pizzahot.de

Pulverturm
Reggae Dancehall
Schleißheimer Str. 333
80935 München
☎ 089/3519999

🛈 Happy Hour Fr., Sa. 22.30-0.30 Uhr.

🕘 Di. 22.30-0.30 Uhr, Do., Fr., Sa. 22-4 Uhr, (nur letzter Do. im Monat geöffnet)

Sausalitos
Türkenstr. 50
80799 München
☎ 089/281594

🛈 Happy Hour täglich 17-20 Uhr: Cocktails günstiger, Margarita Hour ab 23 Uhr.

🕘 Täglich 17-1 Uhr

Scheidegger
Bauerstr. 16
80796 München
☎ 089/2714828

🛈 Happy Hour: Heißgetränke zum halben Preis. Mo.-Fr. 10-12 Uhr

🕘 Täglich 10-1 Uhr

Skyline
Leopoldstr. 82
80802 München
☎ 089/333131

🛈 Happy Hour Di.-So 20-23 Uhr: alle Cocktails günstiger.

! 1. Mo. im Monat brasilianische Nacht: Live Musik inkl. Buffet € 10,- Eintritt; Salsa-Abende!

🕘 Di.-Fr. 20-3 Uhr, Wochenende bis 4 Uhr

www.skyline-club.de

Theatron
Georgenschwaigstr. 42
80807 München
☎ 089/352125

🛈 Happy Hour täglich 17-20 Uhr: Cocktails günstiger.

🕘 Täglich 17-1 Uhr

München-Nord

Tiefenrausch
Schellingstr. 91
80799 München
☎ 089/27272010

- Happy Days: So. jeder Cocktail € 5,-; Di. Smirnoff Ice € 3,-; Mi. Caipirinha € 4,50.
- So., Di.-Do. 18-1 Uhr, Fr., Sa. 20-3 Uhr
- www.tiefenraus.ch

Tijuana Café
Leopoldstr. 13
80802 München
☎ 089/33040724

- Happy Hour täglich 17-20 Uhr, Mo. all night: Cocktails günstiger.
- Täglich 17-1 bzw. 3 Uhr

U3 Orange-Club
Helene-Mayer-Ring 9
80809 München
☎ 089/3517733

- Happy Hour: Do., Sa. von 22-23 Uhr; Cocktails und Longdrink 1/2 Preis.
- ! Eintritt nicht nur für Studenten!
- Do., Sa. 22-4 Uhr

Wirtshaus zur Brez'n
Leopoldstr. 72
80802 München
☎ 089/340920

- Happy Hour täglich 23-2.30 Uhr: alle Cocktails für € 5,-.
- Täglich 10-3 Uhr
- www.zurbrezn.de

Wolkenlos
Occamstr. 13
80802 München
☎ 089/33079089

- Happy Hour So.-Do.17-1 Uhr: Cocktails günstiger; So. 17-20 Uhr: Biernacht zu € 1,90; Mo. Ladiesnight: ein Prosecco zur Begrüßung kostenlos, jeder weitere € 1,-; Di: Tequila-Nacht; Mi: Caipinight.
- Täglich 17-1 Uhr
- www.cafe-wolkenlos.de

Ziegelhaus
Knorrstr. 172
80937 München
☎ 089/3165751

- Happy Hour täglich 17-19 Uhr, Mo.-Di. durchgehend Cocktails günstiger.
- Täglich Sommer 11-1 Uhr; Winter 17-1 Uhr

München-West

Antons
Donnersbergerstr.30
80634 München
☎ 089/133923

- Happy Hour täglich 17-19 Uhr: Cocktails € 5,-; Sa., So. Caipitime 23-0.30 Uhr.
- Täglich 10-1 Uhr Fr., Sa. bis 2 Uhr
- www.antons-musicbarrestaurant.de

2.1 Happy Hours

München-West

Ashokay
Landsberger Str. 503
81241 München
☎ 089/82089671

🛈 Von Mo.-Sa. 11.30-14.30 indisches All-you-can-eat-Buffet für € 6,90, am So. etwas umfangreicher für € 9,90.

🕘 Täglich 11.30-13.30 Uhr, 17.30-24 Uhr

Augustiner am Dante
Dantestr. 16
80637 München
☎ 089/15919870

🛈 Happy Hour täglich 22.30-0.30 Uhr: Cocktails € 4,90.

🕘 Täglich 9-1 Uhr

Bachmair
Wirtshaus

Dachauer Str. 185
80637 München
☎ 089/15970062

🛈 Happy Hour täglich 18-20 Uhr und 23 bis 1 Uhr: Cocktails € 4,90.

🕘 Mo.-Fr. 11-1 Uhr, Sa., So 10-1 Uhr

www.bachmaier-wirtshaus.de

Bardales
Blutenburgstr. 2
80636 München
☎ 089/12027766

🛈 Happy Hour Mo.-Sa. 17.30-19 Uhr und 23-0.30 Uhr: Cocktails günstiger.

🕘 Mo.-Fr. 11-0.30 Uhr, Sa., Fei. 17-1 Uhr

Babaree
Volkartstr.22
80634 München
☎ 089/166025

🛈 Happy Hour Do.-Sa. 23-1 Uhr, Cocktails € 4,50.

🕘 Täglich 17-1 Uhr

www.babaree.de

Burenwirt
Altostr. 7
81245 München
☎ 089/86369661

🛈 Di.-Sa. Mittagsgerichte nur € 5,- sowie Di. und Sa. 11.30-22 Uhr alle Schnitzel € 3,50.

🕘 Täglich 9-1 Uhr

Cafe Neuhausen
Blutenburgstr. 106
80636 München
☎ 089/1236288

🛈 Happy Hour täglich 18-20 Uhr und 23-1 Uhr: Cocktails günstiger.

🕘 Täglich 9-1 Uhr

www.cafe-neuhausen.de

München-West

Confetti
Bodenseestr. 1
81241 München
☎ 089/880551

- Happy Hour täglich 17-20 Uhr und 23-1 Uhr: Cocktails günstiger.
- ! So. ab 21 Uhr Karaoke!
- Täglich 10-1 Uhr, Fr., Sa. 10-3 Uhr

Desperados
Nymphenburger Str. 145
80636 München
☎ 089/1291120

- Happy Hour täglich 16-19 Uhr und 22-24 Uhr: Cocktails € 4,50.
- ! Jeden Fr. und Sa. Karaoke! An jedem Tag gibt es ein spezielles günstiges Mittagsgericht! 1 Stunde Internetnutzung bei Konsumierung frei, nach 1 Stunde € 4,- pro Stunde.
- Täglich 10.30-4 Uhr

Dom Pedros
Dom-Pedro-Str. 17
80637 München
☎ 089/18952822

- Happy Hour täglich ab 21 Uhr: alle Cocktails günstiger.
- ! Günstiges Mittagsmenü!
- Di.-Fr. 11.30-14 Uhr, 17-24 Uhr, Sa., So. 11.30-24 Uhr

Edison & Co
Schulstr. 28
80634 München
☎ 089/13039393

- Happy Hour täglich 17-20 Uhr und 23-1 Uhr, Di.: wenn 2 Leute eines der 3 angebotenen Gerichte bestellen, gibt es einen günstigeren Preis; Mi. Caipi-Tag: jeder Caipi € 3,-; Do. ganzer Abend Happy Hour.
- ! Je mehr Personen an einem Tisch zur gleichen Zeit eine Maß Bier oder einen Edison-Burger bestellen, desto günstiger wird es!
- Mo.-Fr. 11.30-1 Uhr, Sa. 16.30-1 Uhr, So. 16.30-24 Uhr

EWL
Ewiges Licht
Wälsungenstr.1
80639 München
☎ 089/18821380

- Jeder Tag ist Cocktailtag, d.h. an jedem Tag gibt es einen Cocktail sehr günstig.
- ! Familien-Samstage mit speziellen Angeboten!
- Täglich 18-1 Uhr
  www.ewigeslicht.com

Gerner
Dantestr.33
80637 München
☎ 089/15925174

- Happy Hour So.-Do. ab 21 Uhr: Cocktails € 5,-; Mo. Burger-Buffet: All-you-can-eat; einmal im Monat Caipi-Nacht ab 20 Uhr für € 5,-.
- Täglich 9-1 Uhr
  www.gerner-bar.de

Huiras
Camerloherstr. 67
80689 München
☎ 089/ 5805311

- Happy Hour täglich 18-20 Uhr und 23-1 Uhr, Cocktails günstiger. Bei jedem Frühstück bis 18 Uhr Kaffee/Tee ohne Ende inklusive.
- Täglich 10-1 Uhr

München-West

Königlicher Hirschgarten
Hirschgarten 1
80639 München
☎ 089/172591

- An jedem Tag gibt es ein anderes All-you-can-eat-Buffet, wie z.B. Schnitzeljagd, Steaktag, Pastatag.
- Täglich 9-24 Uhr
- www.hirschgarten.de

La Toscana
Agnes-Bernauer-Str. 21
80687 München
☎ 089/5704110

- Di. Pizza zu € 5,-.
- So.-Fr. 11.30-14.30 Uhr, 17.30-24 Uhr, Fr., Sa. 17.30-3 Uhr

---

Laimer's
Agricolastr. 16
80687 München
☎ 089/5466401

- Happy Hour täglich von 18-20 Uhr und Late Night Hour täglich von 23.30-0.30 Uhr: alle Cocktails günstiger.
- ! Bürgerliche und internationale Küche!
- Täglich 10-1 Uhr

Mangos
Blutenburgstr. 27
80636 München
☎ 089/18999330

- Happy Hour täglich 17-20 Uhr und 24-1 Uhr, Cocktails günstiger.
- Täglich 9-1 Uhr

Mastroianni
Nymphenburger Str. 180
80634 München
☎ 089/1678027

- Happy-Ess-Hour: Mo. Nudeltag zu € 3,10, Di. Pizzatag (klein: € 3,50, groß: € 5,50).
- Täglich 12-24 Uhr

Nordlicht
Lautensackstr. 2 b
80687 München
☎ 089/577473

- Happy Hour täglich 17-19 Uhr, Cocktails günstiger. Mo.-Fr. 11.30-14 Uhr All-you-can-eat-Buffet.
- Täglich 11-1 Uhr

Pizza Avanti
Elsenheimer Str. 6
80687 München
☎ 089/574030 /39

- Täglich Happy Hour 21-22.45 Uhr: 25 % Preisreduzierung auf alle Pizzen.
- Mo.-Fr. 11-13.45 Uhr, 17-22.45 Uhr, Sa. 17-22.45 Uhr, So., Fei. 11-22.45 Uhr
- www.avanti.de

München-West

Pizza Oase
Volkartstr. 51
80636 München
☎ 089/1233675

Am Do. bekommt man bei Bestellung von 3 Pizzen eine umsonst dazu. Last minute Pizza am Fr., Sa. ab 21.30 Uhr günstiger.

Täglich 17-22.30 Uhr, So. ab 15 Uhr

Rick's Cafe
Wendl-Dietrich-Str. 5
80634 München
☎ 089/160443

Happy Hour täglich 17-19 Uhr und 22-24 Uhr: Cocktails günstiger; 15-18 Uhr Bier € 2,-; Do. im Straßenverkauf ein halbes Hendl zu € 1,99.

Täglich 10-1Uhr

Szymanski's
Bodenseestr. 14
81241 München
☎ 089/82085507

Happy Hour täglich 17-19 Uhr, jedes Bier € 2,-.

Täglich 17-3 Uhr

Teufel's Küche
Helmpertstr. 2
80687 München
☎ 089/566484

Happy Hour täglich 22.30-1 Uhr, jeder Cocktail € 5,50.

Mo.-Fr. 10-1 Uhr, Sa., So. 17.30-1 Uhr

The Big Easy
Frundsbergstr. 46
80634 München
☎ 089/15890253

Happy Hour täglich 17-20 Uhr, Cocktails günstiger.

! Sa., So Jazz-Breakfast mit Live Musik!

Täglich 17-1 Uhr
www.thebigeasy.de

Villa Flora
Hansastr.44
80686 München
☎ 089/54717575

Happy Hour täglich 18-21 Uhr: Cocktails günstiger, Mo.-Fr. 16-19 Uhr Sushi Happy Hour.

Täglich 11-1 Uhr

Villa Verona
Nymphenburger Str. 150
80634 München
☎ 089/168548

Mo. Pastatag für € 3,60, Mi. Pizzatag € 3,70.

Täglich 11.30-24 Uhr

München-West

Wassermann
Elvirastr. 19
80636 München
☎ 089/1232361

🛈 Happy Hour täglich 16.30-19.30 Uhr und 22.30-0.30 Uhr: Cocktails günstiger.
🕘 Täglich 10-1 Uhr

Wienerwald
Limesstr. 63
81243 München
☎ 089/876570

🛈 Jeden Mi. 1/2 Hendl zum Mitnehmen zu € 2,30.
🕘 Täglich 10-23 Uhr

Wirtshaus am Laimer Platz
Laimer Platz 2
80689 München
☎ 089/51513727

🛈 Happy Hour täglich 17.30-19 Uhr und 23-0.30 Uhr: Cocktails günstiger.
🕘 Mo.-Fr. 17-1 Uhr, Sa., So. 10-1 Uhr

Wirtshaus Lindenplatzl
Nimmerfallstr. 48
81245 München
☎ 089/88999944

🛈 Happy Hour täglich 18-20 Uhr und 23-0.30 Uhr: Cocktails günstiger.
🕘 Täglich 11-1 Uhr

Zapata
Schulstr. 44
80634 München
☎ 089/1665822

🛈 Happy Hour im Restaurant 17-20 Uhr und 23-1 Uhr: jeder Cocktail günstiger. An der Bar ständige Happy Hour.
🕘 Täglich 18-1 Uhr

Zum Fischmüller
Germeringer Weg 6
81245 München
☎ 089/8633443

🛈 Jeden Do. durchgehend und So. bis 17 Uhr: Schweinsbraten mit Knödel € 2,60 und 1/2 Helles zu € 1,55.
! Bayerische Küche!
🕘 Täglich 9-1 Uhr, Di. Ruhetag

München-Süd

Bürger's
Waldfriedhofstr. 90
81377 München
☎ 089/7144026

🛈 Happy Hour täglich 17-20 Uhr.
🕘 Täglich 9-1 Uhr, Fr., Sa. bis 3 Uhr

München-Süd

el'Orange
Oberländerstr. 31
81371 München
☎ 089/74657746

🛈 Happy Hour täglich 17-20 Uhr und 23-1 Uhr: Cocktails günstiger.
🕘 Täglich 17-1 Uhr

Ganghofer Keller
Ganghofer Str. 74
81373 München
☎ 089/776262

🛈 Mi., Do., Fr. Getränke günstiger; Mi. nach dem Salsa-Tanzkurs gibt eine Salsa-Übungsparty bei freiem Eintritt; Fr. Fox-Party bei freiem Eintritt.
! Gemütliches Tanzlokal!
🕘 Mi., Do. 20-1 Uhr, Fr., Sa. 21-4 Uhr

Kaffee Giesing
Bergstr. 5
81539 München
☎ 089/6920579

🛈 Happy Hours täglich von 16-19 Uhr und 23-24 Uhr.
! Jeden Tag Live-Musik von 20-22 Uhr; So.: Jazz-Frühschoppen ab 11 Uhr. Eintritt frei.
🕘 Mo.-Sa. 16-1 Uhr, So. 10-1 Uhr

Naftilos
Hofmannstr. 23
81379 München
☎ 089/783901

🛈 Täglich von 17.30-19.30 Uhr offene Weine zum Essen gratis!
! Am Wochenende gibt es griechische Livemusik!
🕘 Mo.-Fr. 11-14.30 Uhr, 17-1 Uhr, Sa., So. 17-1 Uhr

Pizza Avanti
Passauer Str. 56
81369 München
☎ 089/7600001

🛈 Täglich Happy Hour: 21-22.45 Uhr 25 % Preisreduzierung auf alle Pizzen. Weitere Filiale: Passauer Str. 56!
🕘 Mo.-Fr. 11-13.45 Uhr, 17-22.45 Uhr, Sa. 17-22.45 Uhr, So., Fei. 11-22.45 Uhr
www.avanti.de

Pizza Domingo
Daiserstr. 43
81371 München
☎ 089/771077 /771010

🛈 Mo. Pizza billiger, Di. Pasta günstiger.
🕘 Mo.-Fr. 11-14 Uhr, 17-23 Uhr, Sa., So., Fei. 11-23 Uhr

Schober
Ohlmüllerstr. 20
81541 München
☎ 089/61465890

🛈 Jeden Sa. ab 18 Uhr ofenfrisches Spanferkel mit Kartoffelsalat oder Knödel zu € 4,-; ab 22.30 Uhr Tagesgerichte zum halben Preis.
🕘 Täglich 9-1 Uhr
www.schober-wirtshaus.de

München-Süd

Tegernseer
Tegernseer Landstr. 11
81541 München
☎ 089/62000666

- Happy Hour täglich von 17-20 Uhr.
- ! So. und Fei. amerikanischer Brunch!
- Täglich 10-1 Uhr

Thalkirchner Bar
Thalkirchner Str. 145
81371 München
☎ 089/7234878

- Happy Hours täglich von 18-20 Uhr und 23.30-0.30 Uhr: jeder Cocktail € 5,-.
- Täglich 10-1 Uhr

Tassilogarten
Auerfeldstr. 18
81541 München
☎ 089/4480022

- Happy Hour täglich von 18-20 Uhr, Sa. ganzer Abend.
- Täglich 10-1 Uhr, So. 11-1 Uhr

Tres Kilos
Schäftlarnstr. 62
81371 München
☎ 089/72402807

- Happy Hour täglich von 17-20 Uhr und 24-1 Uhr.
- Täglich 17-1 Uhr, Wochenende bis 3 Uhr

Walchenseer
Walchenseeplatz 4
81539 München
☎ 089/64947637

- Happy Hour So.-Do 21-0.30 Uhr. Happy Monday ab 20 Uhr: All-you-can-eat Tex Mex.
- ! Mo.-Fr. Happy Lunch 11-14 Uhr: jedes Gericht über € 10,- nur € 7,50.
- Täglich 9-1 Uhr

Waldfrieden
Fürstenrieder Str. 277
81377 München
☎ 089/71090541

- Mi., Fr. Waldfriedenbuffet all-you-can-eat für € 7,50.
- Täglich 10-24 Uhr

Wienerwald
Berner Str. 4
81476 München
☎ 089/753228

- Jeden Mi. ein halbes Hendl zum Mitnehmen zu € 2,65.
- 10-24 Uhr

München-Süd

Wirtshaus Valley's
Aberlestr. 52
81371 München
☎ 089/76775151

Happy Hour täglich von 20.30-23 Uhr.
Mo.-Fr. 9.30-1 Uhr, Sa., So. 9-1 Uhr

München-Ost

Café Haidhausen
Franziskanerstr. 4
81669 München
☎ 089/6886043

Happy Hour 17-19 Uhr: Cocktails günstiger.
Mo.-Fr. 9-1 Uhr, Sa., So. 10-1 Uhr

Catwalk
Mauerkircher Str. 2
81679 München
☎ 089/985881

Happy Hour 17-20 Uhr: Cocktails günstiger.
Täglich 9-1 Uhr
www.catwalk-restaurant.de

Chaos
Franziskanerstr. 43
81669 München
☎ 089/ 486315

Happy Hour 17-18 Uhr: Cocktails günstiger.
Täglich 17-1 Uhr

Cocktailbar
im Arabella Hotel
Arabellastr. 5
81925 München
☎ 089/92320

Happy Hour: 17-19 Uhr alle Getränke günstiger.
Täglich 17-2 Uhr

Ecksteiner
Flurstr. 32
81675 München
☎ 089/41999890

Happy Hour 17-19 Uhr und 23-1 Uhr: Cocktails günstiger.
Täglich 10.30-14.30 Uhr und 17-1 Uhr

El Espanol
Der Spanier
Pariser Str. 46
81667 München
☎ 089/488496

Happy Hour: 17-20 Uhr alle Cocktails € 3,60,
jeden Mo. für € 8,- Paella-Essen soviel man will.
! Flamenco Show jeden Donnerstagabend!
Täglich 15-1 Uhr, So. 14-1 Uhr

München-Ost

El Perro y el Griego
Belfortstr. 14
81667 München
☎ 089/482553

- Happy Hour von 16-20 Uhr: alle Cocktails günstiger.
- ! Nicht nur für Spanienfans!
- Mo.-Fr. 11-1 Uhr, Sa., So. 16-1 Uhr

Esco Bar
Breisacher Str.19
81667 München
☎ 089/ 485137

- Happy Hour 17-20 Uhr, So. ganzer Tag: Cocktails günstiger.
- ! Mo. 18-23 Uhr All-you-can-eat für € 9,-.
- Täglich 17-1 Uhr

Jasmin
Franziskanerstr. 16
81669 München
☎ 089/4486913

- Sushi All-you-can-eat-Buffet mittags für € 13,-, abends für € 23,- (von Mo.-Fr.), am Wochenende mittags € 18,-.
- Täglich 11.30-14.30 Uhr, 17.30-24 Uhr

Julep's
Breisacher Str. 18
81667 München
☎ 089/4480044

- Happy Hour: täglich 17-20 Uhr und So. ganzer Tag - viele Cocktails zum halben Preis.
- Täglich 17-1 Uhr

Kuczinsky
Waldheimplatz 2
81739 München
☎ 089/605636

- Happy Hour täglich 17-20 Uhr - Cocktails günstiger.
- Täglich 17-1 Uhr

Leo's Lounge
Rosenheimer Str. 98
81669 München
☎ 089/48953050

- Happy Hour 17-20 Uhr: Cocktails günstiger, Happy Monday ab 20 Uhr All-you-can-eat.
- Täglich 9-1 Uhr

Lohengrin's
Cosimastr. 97
81925 München
☎ 089/95927424

- Happy Hour 22-23 Uhr: alle Cocktails günstiger.
- Täglich 10-1 Uhr

München-Ost

Millhouse
Josephsburgstr. 25
81673 München
☎ 089/4310755

Happy Hour 20-22 Uhr: Cocktails günstiger.
Täglich 18-1 Uhr

Negroni
Innere Wiener Str. 38
81667 München
☎ 089/48950154

Happy Hour 18-20 Uhr: Cocktails günstiger.
Täglich 18-1 Uhr

Pizza Avanti
Einsteinstr. 135
81675 München
☎ 089/4707361

Täglich Happy Hour 21-22.45 Uhr: 25 % Preisreduzierung auf alle Pizzen. Weitere Filialen: Gustav-Heinemann-Ring 125 (089/6376045).
Mo.-Fr. 11-13.45 Uhr, 17-22.45 Uhr, Sa. 17-22.45 Uhr, So., Fei. 11-22.45 Uhr
www.avanti.de

Rodewald's
Lothringerstr. 10
81667 München
☎ 089/44140898

Happy Hour Sa. 23 Uhr bis Mo. 23 Uhr: Cocktails zum halben Preis, Longdrink Happy Hour So., Mo., Do.: man bezahlt einen Drink und bekommt 2.
Täglich 10-1 Uhr

Santa Fe
Balanstr. 16
81669 München
☎ 089/484736

Happy Hour 16.30-19.30 Uhr und 23-1 Uhr: Cocktails günstiger.
Täglich 11-1 Uhr

's Truderinger
Kirchtruderinger Str. 17
81829 München
☎ 089/421532

Happy Hour 17.02-18.04 Uhr und 22.34-0.08 Uhr, Do. ganzer Abend: Cocktails günstiger; Di., Sa. 17-0.30 Caipi-Nacht.
Täglich 10.30-1 Uhr außer So. ab 10 Uhr

Vinzenz Murr
im Pep
Thomas-Dehler-Str. 10
81737 München
☎ 089/6371457

Happy Hour 19-20 Uhr: Sandwiches zum halben Preis.
Mo.-Fr. 9-20 Uhr, Sa. 9-16 Uhr

2.1 Happy Hours

München-Ost

Voilà
Wörthstr. 5
81667 München
☎ 089/4891654

🛈 Happy Hour 17-20 Uhr und 23-1 Uhr: alle Cocktails € 4,60.
🕘 Täglich 8-1 Uhr

Wasserwerk
Wolfgangstr. 19
81667 München
☎ 089/48900020

🛈 Happy Hour 18-20 Uhr und 23.30-1 Uhr: Cocktails günstiger.
🕘 Täglich 18-1 Uhr

Wirtshaus in der Au
Lilienstr. 51
81669 München
☎ 089/4481400

🛈 Late Night Happy Hour ab 23 Uhr: Cocktails günstiger.
! Im Winter (ca. Oktober - März) jeden So. von 12-15 Uhr Frühschoppen mit Jazz-Live-Musik. Eintritt frei. Im Sommer Biergarten.
🕘 Mo.-Fr. 17-1 Uhr, Sa., So., Fei. 10-1 Uhr

München-Region

Boncuk
Erdinger Str. 27
85356 Freising
☎ 08161/145001

🛈 Türkische und fernöstliche Spezialtiäten, All-you-can-eat-Buffet jeden Do. ab 19 Uhr zu € 12,12; Do. Mittagsbuffet für € 5,90.
🕘 Di.-So. 11-14 Uhr, 17-1 Uhr

Cantina Mexicana
Münchnerstr. 57
82131 Gauting
☎ 089/8501383

🛈 Happy Hour täglich 17-20 Uhr.
! Vorher Tisch reservieren!
🕘 Täglich 17-1 Uhr

Caktus
Luckengasse 9
85354 Freising
☎08161/7585

🛈 Jeden Do. ab 18 Uhr mexikanisches All-you-can-eat-Buffet.
🕘 Täglich 18-23 Uhr

Cross Countries
Mathildenstr. 1
82152 Planegg
☎ 089/8597772

🛈 Happy Hour von 18-21 Uhr und von 24-1 Uhr: Cocktails € 2,- günstiger.
🕘 Di.-So. 18-1 Uhr
www.cross-countries.de

München-Region

Die Waldeslust
Münchner Straße 2
82008 Unterhaching
☎ 089/6251215

- Happy Hour täglich von 11.30-19.30 Uhr und ab 22.30 Uhr: Cocktails günstiger.
- Täglich 11-1 Uhr, So. 11-24 Uhr

Erlebnisgaststätte Erlensee
Rosenheimer Str. 61
83135 Schechen
☎ 08039/2935

- Jeden Mo. Speisen zum Mitnehmen zum halben Preis (Kesselfleisch, Schlachtplatte, Surhaxe, Leberwurst).
- Fr.-Mo. 11-21 Uhr im Winter, ab 1. April täglich 11-21 Uhr
www.erlebnis-erlensee.de

Fliegerbräu
Sonnenstr. 2
85622 Feldkirichen
☎ 089/9036032

- Happy Hour täglich von 16-18 Uhr: Cocktails günstiger.
- ! Immer um 22 Uhr heißt es: Flieger grüß mir die Sonne!
- Täglich 11-23 Uhr

Franzheimer
Franzheimer Ring 1
85452 Zengermoos
☎ 08123/928774

- Happy Hour So.-Do. von 21-24 Uhr, Mo. ab 18 Uhr: Dinner for two: zwei Personen essen das Gleiche - ein Preis, Di. All-you-can-eat-Buffet.
- Täglich 11-1 Uhr, So. ab 10 Uhr

Il Grappino
Erdinger Str. 84
85356 Freising
☎ 08161/92580

- Jeden Mi. 18-21.30 Uhr Pizza-Tag: jede Pizza € 4,-.
- So., Fr. 11.30-14 Uhr, 18-23.30 Uhr, Sa. 18-23.30 Uhr

Klostergaststätte Indersdorf
Marienplatz 12
85229 Markt Indersdorf
☎ 08136/5822

- Di.: Kesselfleischessen € 4,-. Mi. und Sa.: für € 5,- Spare-Ribs bis zum Abwinken.
- Täglich 10-23 Uhr, Do. Ruhetag

Mexicanos
Tisinstr. 2
822041 Oberhaching
☎ 089/6252198

- Happy Hour täglich von 18-20 Uhr und 23-1 Uhr: Cocktails günstiger
- Täglich 17-1 Uhr
www.mexicanos.de

2.1 Happy Hours

München-Region

Ritter-Hilprand-Hof
Köglweg 5
82024 Taufkirchen
☎ 089/61440099

- Von März - September von 12-17 Uhr im Biergarten Sparpreise.
- Täglich 9-24 Uhr

Viva
Marktplatz 3 c
85375 Neufahrn
☎ 08165/909399

- Happy Hour täglich von 18-20 Uhr und 22-24 Uhr: alle Cocktails € 5,-.
- So. 17-1 Uhr, Fr.-Sa. 17-2 Uhr

2.2 Musik- und Erlebnis-Gastronomie

München-Mitte

Café am Beethovenplatz
Goethestr. 51
80336 München
☎ 089/54404348

- Gaststätte mit klassischer Live-Musik von 20-23 Uhr; So. 11-15 Uhr Jazzfrühstück. Eintritt frei.
- Täglich 9-1 Uhr

Chao Khun
Türkenstr. 9
80333 München
☎ 089/284041

- Mi.-So. ab 23 Uhr Karaoke.
- Mo.-Di 18-24, Mi.-So. 18-4 Uhr

Melina
Bergmannstr. 35
80339 München
☎ 089/5004281

- Do., Fr., Sa. von 21.30-1 Uhr griechische Live-Musik.
- Täglich 11.30-1 Uhr, Wochenende -2 Uhr

www.melina-lokal.de

Nachtcafé
Maximiliansplatz 5
80333 München
☎ 089/595900

- Täglich ab 23 Uhr spielen Bands bis 4 Uhr früh Soul, Blues und Funk. Der Eintritt ist frei, wenn man am Türsteher vorbeikommt.
- Di.-Sa. 21-6 Uhr

München-Mitte

Nightclub
Hotel Bayerischer Hof

Promenadeplatz 6
80333 München
☎ 089/2120-994

- Live-Musik an manchen Tagen ohne Eintritt, an bestimmten So. Jazz Brunch!
- Täglich 22-3 Uhr
- www.bayerischerhof.de

Pusser's Bar & Food

Falkenturmstr. 9
80331 München
☎ 089/220500

- Wechselndes Live-Musikprogramm Di-Sa. ab 21.30 Uhr. Jeden Mo. gibt es für die weiblichen Gäste eine Überraschung. Eintritt frei. Jeden Mi. zwischen 18.30 Uhr und 22 Uhr Shrimps all you can eat.
- ! Telefonische Voranmeldung!
- Täglich 17-3 Uhr

Taverna Yol

Ehrengutstr. 21
80469 München
☎ 089/779562

- Während des kurdischen Essens kann man sich am Mi., Fr., Sa. und So. an Bauchtanzvorführungen erfreuen.
- Täglich 17-1 Uhr

München-Nord

Antalya

Sondermeierstr. 105
80939 München
☎ 089/501948

- Fr. und Sa. Bauchtanz.
- Täglich 11.30-1 Uhr

Arabesk

Kaulbachstr. 86
80802 München
☎ 089/333738

- Fr. und Sa. Bauchtanz, je nach Betrieb auch an anderen Tagen.
- Täglich 11.30-1 Uhr
- www.arabesk.de

Sahara City

Riesenfeldstr. 18
80809 München
☎ 089/3595644

- Während des arabischen Essens gibt es am Fr. und Sa. eine Bauchtanzvorführung.
- Täglich 14-1 Uhr

2.2 Musik- und Erlebnisgastronomie

München-Nord

Shamrock
Irish Pub

Trautenwolfstr. 6
80802 München
☎ 089/331081

🛈 Täglich ab 21-23.30 Uhr Live-Musik, Eintritt frei.

🕘 Mo.-Do. 17-1 Uhr, Fr. 17-3 Uhr, Sa. 14-3 Uhr, So. 14-1 Uhr

www.irish-pub-munich.com

München-West

Agri

Jutastr. 5
80636 München
☎ 089/1235454

🛈 Am Mi., Fr. und Sa. gibt es während des türkischen Essens Bauchtanz ab 21 Uhr.

🕘 Täglich 17.30-1 Uhr

Taverna Nemrut

Leonrodstr. 45
80636 München
☎ 089/1235661

🛈 Am Mi., Fr., Sa. und So. gibt es bei libanesischen Spezialitäten eine Bauchtanzvorführung.

🕘 Täglich fast rund um die Uhr!

München-Süd

Keko

Edlingerstr. 13
81543 München
☎ 089/658877

🛈 Am Fr. und Sa. gibt es bei türkischen Speisen zwischen 21 und 22 Uhr eine Bauchtanzvorführung.

🕘 Di.-So. 18-1 Uhr

Taverna Korfu

Boschetsrieder Str. 47
81379 München
☎ 089/7854942

🛈 Jeden Fr. und Sa. ab 20 Uhr griechische Live-Musik. Eintritt frei.

🕘 Täglich 11-14.30 Uhr, 17-1 Uhr

München-Ost

Drei-Groschen-Keller

Lilienstr. 2
81669 München
☎ 089/4890290

🛈 Jeden Mo.-Do. ab 22 Uhr finden Aufführungen der Dreigroschenoper mit einem jungen Künstlerteam der Schauspielschule statt. Eintritt frei!

🕘 Mo.-Sa. 16-1 Uhr, So. 10-1 Uhr

www.dreigroschenkeller.de

München-Ost

Jazz Cantina
Steinstr. 83
81667 München
☎ 089/48998808

🛈 Am letzten Sa. im Monat Live Musik - lateinamerikanischer Jazz. Eintritt frei.

🕘 Täglich 17-1 Uhr

www.jazzcantina.de

München-Region

Waldwirtschaft Großhesselohe
Georg-Kalb-Str. 3
82049 Großhesselohe
☎ 089/795088

🛈 Vom Mitte April bis Ende September gibt es im Biergarten von 12-21.45 Uhr Jazz-Live-Musik.

🕘 Täglich 11-21.45 Uhr

Sonstige Angebote 2.3

München-Mitte

Akasaka
Thierschstr. 35
80538 München
☎ 089/293100

🛈 Täglich Sushi-All-you-can-eat für € 29,-.

🕘 Mo.-Sa. 18-22.30 Uhr

Bauarbeiter-Kantinen auf der Wies'n
Theresienwiese
80336 München

🛈 Sehr preiswertes Essen mit Wies'n-Flair während des Auf- und Abbaus der Bierzelte (Juli - Oktober).

! Die Bauarbeiter-Kantinen sind ein beliebter Treffpunkt für Münchner, die ihren Hunger mit sehr wenig Geld stillen wollen oder müssen. Das Wies'n-Ambiente gibt es gratis dazu!

München-Nord

Alter Ofen
Zieblandstr. 41
80798 München
☎ 089/527527

🛈 Ständig Limes- und Tequila-Special wie z.B. 4 Limes € 8,50, 4 Tequila braun € 8,50.

🕘 Täglich 18-1 Uhr

2.3 Sonstige Angebote

München-Nord

Max-Emanuel
Adalbertstr. 33
80799 München
☎ 089/2715158

- Sa., So., Mo. Bier nur € 2,10 (gilt nicht für Weißbier).
- ! Angebot gilt nicht im Biergarten und während der Weißen Feste!
- Täglich 17-1 Uhr

Monopteros
Königinstr. 43
80802 München
☎ 089/331262

- Studenten der Fakultät Tiermedizin und Jura können hier Mo.-Fr. günstiger speisen und trinken.
- ! Studentenausweis mitbringen!
- Täglich 9-20 Uhr

Vollmond
Schleißheimer Str. 82
80797 München
☎ 089/529736

- Um 24 Uhr wird bei Vollmond ein Tisch verlost, der die bis dahin gemachte Zeche frei hat.
- ! Tisch reservieren!
- So.-Do. 19-1 Uhr, Fr., Sa. 19-3 Uhr

Wok-Man
Leopoldstr. 68
80802 München
☎ 089/390343

- Pro Teller vom Buffet am Sa., So. für € 7,- und während der Woche zu € 6,-.
- Täglich 11-24 Uhr

München-West

Gaststätte zur Linde
Sadelerstr. 20
80638 München
☎ 089/152403

- Mittags gibt es von 11-15 Uhr spezielle Senioren- und Studententeller für € 4,50.
- Di.-So. 9.30-23 Uhr

Nachtwerk
Landsberger Str. 185
80687 München
☎ 089/578380-0

- Fr.: Wer ein Schnäppchen-Ticket am Schalter kauft, bezahlt z.B. € 5,- und kann für € 10,- trinken,
  bzw. bei Bezahlung von € 12,-: Getränke für € 30,-
  bzw. Bezahlung von € 30,-: Getränke für € 90,-.
- ! Di. Studentenclub! Getränkepreise für Studenten angemessen. Auch für Nicht-Studenten! Sa. Motto-Party: ein Getränk je nach Motto günstiger!
- Fr., Sa. 22.30-4 Uhr, Di. 22-4 Uhr

München-Süd

Die Münchner Haupt
Zielstattstr. 6
81379 München
☎ 089/786940

- Jeden Di. ab 17.30 Uhr Kesselfleischessen (nach Belieben) mit Unterhaltungsmusik zu € 7,90.
- ! Vorher Tisch reservieren!
- Täglich 11-24 Uhr

München-Region

Airbräu
am Flughafen
Terminalstr. Mitte 18
85356 München
Flughafen
☎ 089/975593111

- Wenn zwei Leute zusammen Schweinsbraten, Hax'n oder Ente bestellen, können sie für € 15,- essen soviel sie wollen. Dazu gibt es noch einen Liter Bier.
- Täglich 10-1 Uhr

3 Dienstleistungen

AUTOREPARATUR 3.1.1

München-Mitte

MAHAG
Denisstr. 5
80335 München
☎ 089/551500-0

Zeitwertgerechte Reparatur für mehr als sechs Jahre alte VW- und Audi-Modelle, die am Vorabend abgegeben werden: Zehn Prozent Nachlass auf die Lohnkosten und bis zu 50 Prozent auf Teile, wenn auch Gebrauchtteile verwendet werden können (nach Absprache).

Mo.-Fr. 7-17 Uhr

www.mahag.de

Niedermair & Reich
Landsberger Str. 20
80339 München
☎ 089/500880

Mo. und Fr. sind Reparatur-Spartage bei mehr als fünf Jahre alten Ford-Modellen (außer Karosserie- und Lackarbeiten).

Mo.-Fr. 7-18 Uhr

www.niedermair-reich.de

München-Nord

MAHAG
Leopoldstr. 129
80804 München
☎ 089/362571 /367031

Zeitwertgerechte Reparatur für mehr als sechs Jahre alte VW- und Audi-Modelle, die am Vorabend abgegeben werden: Zehn Prozent Nachlass auf die Lohnkosten und bis zu 50 Prozent auf Teile, wenn auch Gebrauchtteile verwendet werden können (nach Absprache).

! Weitere Filialen in München-Nord: Frankfurter Ring 251 (089/3230060), Allacher Str. 215 (089/8121033), Detmoldstr. 6 (089/3548010), Knoller Str. 4-6 (089/3810080).

Mo.-Fr. 7-17 Uhr

www.mahag.de

Niedermair & Reich
Ingolstädter Str. 57
80939 München
☎ 089/3189960

Mo. und Fr. sind Reparatur-Spartage bei mehr als fünf Jahre alten Ford-Modellen (außer Karosserie- und Lackarbeiten).

Mo.-Fr. 7-18 Uhr

www.niedermair-reich.de

3.1.1 Autoreparatur

München-West

MAHAG
Bodenseestr. 26
81241 München
☎ 089/820010

🛈 Zeitwertgerechte Reparatur für mehr als sechs Jahre alte VW- und Audi-Modelle, die am Vorabend abgegeben werden: Zehn Prozent Nachlass auf die Lohnkosten und bis zu 50 Prozent auf Teile, wenn auch Gebrauchtteile verwendet werden können (nach Absprache).

! Weitere Filialen in München-West: Verdistr. 134 (089/8110017 /19), Landsberger Str. 418 (089/883648).

🕘 Mo.-Fr. 7-17 Uhr

www.mahag.de

München-Süd

MAHAG
Albert-Roßhaupter-Str. 105
81369 München
☎ 089/710970

🛈 Zeitwertgerechte Reparatur für mehr als sechs Jahre alte VW- und Audi-Modelle, die am Vorabend abgegeben werden: Zehn Prozent Nachlass auf die Lohnkosten und bis zu 50 Prozent auf Teile, wenn auch Gebrauchtteile verwendet werden können (nach Absprache).

! Weitere Filialen in München-Süd: Großhaderner Str. 21 (089/702304 / 702399), Johann-Clanze-Str. 38 (089/7690020).

🕘 Mo.-Fr. 7-17 Uhr

www.mahag.de

München-Ost

MAHAG
Schleibingerstr. 12-16
81669 München
☎ 089/48001-0

🛈 Zeitwertgerechte Reparatur für mehr als sechs Jahre alte VW- und Audi-Modelle, die am Vorabend abgegeben werden: zehn Prozent Nachlass auf die Lohnkosten und bis zu 50 Prozent auf Teile, wenn auch Gebrauchtteile verwendet werden können (nach Absprache).

! Weitere Filiale in München-Ost: Wasserburger Landstr. 7 (089/4200020).

🕘 Mo.-Fr. 7-17 Uhr

www.mahag.de

München-Mitte

STATTAUTO München
Kapuzinerstr. 39 a
80469 München
☎ 089/2020570

🛈 Zurzeit 46 Standorte in ganz München. Mitglieder zahlen einmalig Kaution (€ 500,-); Aufnahmegebühr € 50,-; Monatsbeitrag € 7,-. Gebühren für eine Fahrt setzen sich aus Zeittarif und Kilometertarif zusammen. Die Inhaber von MVV-Abos (IsarCard, Seniorenkarte und Ruhestandskarte I) zahlen nur € 250,- Kaution bei einer Aufnahmegebühr von € 25,-.

www.stattauto-muenchen.de

München-Ost

Stadt-Teil-Auto München
Schumacherring 29
81737 München
☎ 089/6377777

🛈 Zurzeit 6 Standorte in München. Preise: € 500,- Kaution; Monatsbeitrag € 6,-. Nutzungsentgelt setzt sich aus Zeit- und Kilometer-Tarif zusammen. Beispiel Kleinwagen € 2,- pro Stunde, daneben € 0,18 pro Kilometer.

! Daneben spezielle Tarife: für Frauen zwischen 0 und 8 Uhr kein Zeitentgelt; ebenso für lange Fahrten und Urlauber!

www.stadtteilauto.de

3.1.3 Jahreswagen

München-Nord

BMW
Jahreswagen-Vermittlungsstelle
80788 München
☎ 089/382-68387, 0180/3183318

🛈 Datenbankgestützte Vermittlung von durchschnittlich 2000 BMW-Jahreswagen (zwischen 6 und 18 Monaten alt) für Interessierte; Verkaufsverhandlungen und Vertragsabschluß dann persönlich mit dem einzelnen BMW-Mitarbeiter.

! Tagesaktuelle Datenbank im Internet nutzen!
Auch Fax-Anfragewunsch möglich: 089/382-68387!

🕘 Mo.-Fr. 8-20 Uhr, Sa. 9-18 Uhr

www.bmw.de/jawa

Audi- und VW-Jahreswagen
Audi-Parkplatz 5
85045 Ingolstadt
☎ 0841/8934567

🛈 Parkplatzverkauf Sa. 8-12 Uhr, an der Ettinger Str. (P 10) - hier kann ein Teil der Jahreswagen direkt besichtigt und gekauft werden.

🕘 Mo.-Fr. 8-12 Uhr, 13-15.30 Uhr, Sa. 8-12 Uhr

www.brg-jahreswagen.de

3.1.4 Flughafen-Parkplätze

München-Region

Park and Fly
Kreuzstr. 81
85716 Unterschleißheim
☎ 089/44770706

🛈 Parken inkl. Hin- und Rücktransfer Flughafen München:
1 Woche € 33,-, 2 Wochen € 49,-.

! Reservierung unter obiger Nummer oder im Internet!

www.parkandflymuc.de

PKW-Stellplätze Krätschmer
Ludwigstr. 6
85399 Hallbergmoos
☎ 0811/1305

🛈 Günstige PKW-Stellplätze inklusive kostenlosem Flughafentransfer (ca. 8 Min.). Preise: 1-5 Tage € 32,-, 1 Woche € 38,-, 2 Wochen € 57,-, 3 Wochen € 67,-, 4 Wochen und länger € 77,-.

! Telefonische Reservierung erforderlich!

www.parken-kraetschmer.de

München-Region

PKW-Stellplätze Maier
Hauptstr. 8
85445 Oberding
☎ 08122/15865

🛈 Günstige PKW-Abstellmöglichkeit zu € 36,- pro Woche. Hin- und Abholfahrt zum Flughafen (10 Min.) kostenlos

! Telefonische Reservierung unter nebenstehender Nummer!

Flughafen Parken
Am Moos 3
84174 Eching-Weixerau
☎ 08709/920080

🛈 Preiswerter Parkplatz östlich des Flughafens (BAB Moosburg-Nord) mit Transfer-Service. Preise inkl. Transfer
3 Tage € 30,-, 1 Woche € 45,-, 2 Wochen € 65,-, 3 Wochen € 75,-.

! Bitte Voranmeldung (auch per Fax: 08709/920090)!

www.flughafenparken.de

BANKEN 3.2

München-Mitte

BB Bank
Barer Str. 1a
80333 München
☎ 089/5519010

🛈 Spezialbank für Angehörige des öffentlichen Dienstes: kostenloses Gehaltskonto.

! Filiale in der Infanteriestr. 12, 80797 München (089/1266070).

🕘 Mo.-Do. 8.30-13 Uhr, Mo.-Mi. 14-15.45 Uhr, Do. 14-17.30 Uhr, Fr. 8.30-14 Uhr

www.bbbank.de

Citibank
Sonnenstr. 29
80331 München
☎ 089/5490800

🛈 Girokonto Citi Best kostenlos; Voraussetzung mindestens € 2500,- müssen auf Citibank-Konten angelegt sein.

! Filialen in München: Leonrodstr. 2, 089/164086, Innere Wiener Str. 61, 089/475086, Prielmayer Str. 3, 089/596047, Rosental 10, 089/2366310, Orleanspl. 4, 089/4587470, Plinganserstr. 53, 089/7670870, Landsbergerstr. 521, 089/8292500.

🕘 Mo.-Fr. 9-18 Uhr

www.citibank.de

München-Mitte

Postbank München
Diverse Filialen

- Kostenloses Girokonto ab monatlichem Geldeingang von € 1000,-.

www.postbank.de

SEB
Tal 15
80333 München
☎ 089/290990

- Kostenloses Girokonto ab monatlichem Gehaltseingang von € 1000,-.
- ! Weitere Filialen in München: Luisenstr. 1, 089/5458230, Richard-Strauss-Str. 56, 089/9269020, Mo.-Fr. 9-12.30 Uhr, 13.45-17.30 Uhr. Mo.-Fr. 9-18 Uhr

www.seb.de

SPARDA-Bank
Arnulfstr. 15
80335 München
☎ 089/55142-400

- Gebührenfreies Lohn-, Gehalts- und Rentenkonto für alle Mitglieder.
- ! Bitte beachten Sie die Anzeige der SPARDA-Bank auf S. 1!
- Mo.-Mi. 8-13 Uhr, 14-15.30 Uhr, Do. 8-13 Uhr, 14-17.30 Uhr, Fr. 8-13 Uhr

www.sparda-m.de

München-Nord

SPARDA-Bank
Völckerstr. 5
80939 München
☎ 089/3237780

- Gebührenfreies Lohn-, Gehalts- und Rentenkonto für alle Mitglieder.
- ! Bitte beachten Sie die Anzeige der SPARDA-Bank auf S. 1!
- Mo.-Mi. 8.15-13 Uhr, 14-15.30 Uhr, Do. 8.15-13 Uhr, 14-18 Uhr, Fr. 8.15-13 Uhr

www.sparda-m.de

München-West

Raiffeisenbank München
Nymphenburgerstr. 124
80636 München
☎ 089/127770

- Kostenloses Girokonto ab Guthaben von mindestens € 1000,-.
- ! Diverse Filialen im Großraum München mit etwas anderen Öffnungszeiten!
- Mo.-Do. 9-17 Uhr, Fr. 9-16 Uhr, 12.30-14 Uhr Mittagspause

www.raiffeisenbank-muenchen.de

München-West

SPARDA-Bank
Richelstr. 3
80634 München
☎ 089/1307830

- Gebührenfreies Lohn-, Gehalts- und Rentenkonto für alle Mitglieder.
- ! Bitte beachten Sie die Anzeige der SPARDA-Bank auf S. 1!
- Mo., Do. 8-13 Uhr, 14-17.30 Uhr, Di., Mi. 8-13 Uhr, 14-15.30 Uhr, Fr. 8-13 Uhr

www.sparda-m.de

München-Süd

SPARDA-Bank
Marchioninistr. 15
81377 München
☎ 089/7400610

- Gebührenfreies Lohn-, Gehalts- und Rentenkonto für alle Mitglieder.
- ! Bitte beachten Sie die Anzeige der SPARDA-Bank auf S. 1!
- Mo.-Mi. 8-13 Uhr, 14-15.30 Uhr, Do. 8-13 Uhr, 14-17.30 Uhr, Fr. 8-13 Uhr

www.sparda-m.de

München-Ost

SPARDA-Bank
Orleansplatz 11
81667 München
☎ 089/458600

- Gebührenfreies Lohn-, Gehalts- und Rentenkonto für alle Miglieder.
- ! Bitte beachten Sie die Anzeige der SPARDA-Bank auf S. 1!
- Mo., Di. 8-13 Uhr, 14-16 Uhr, Mi., Fr. 8-13 Uhr, 14-17.30 Uhr, Do. 8-13 Uhr, 14-18 Uhr

www.sparda-m.de

München-Region

SPARDA-Bank
Obere Bahnhofstr. 43
82110 Germering
☎ 089/8944470

- Gebührenfreies Lohn-, Gehalts- und Rentenkonto für alle Mitglieder.
- ! Bitte beachten Sie die Anzeige der SPARDA-Bank auf S. 1!
- Mo. 8-13 Uhr, 14-15.30 Uhr, Di., Do. 8-13 Uhr, 14-18 Uhr, Mi., Fr. 8-13 Uhr

www.sparda-m.de

3.3 Beratung und Informationsstellen

München-Mitte

AOL Internet Stations
München
Diverse Szenekneipen

🛈 Kostenloses Surfen, Mailen, Chatten oder Arbeiten mit der Webcam an den Stationen.

! Die einzelnen Standorte im Internet ermitteln!

www.aol.de/aolinternetstation

Bauzentrum München
Theresienhöhe 15
81339 München
☎ 089/505085

🛈 Eintritt frei. Baumusterschau; kostenlose, neutrale Beratung zum Bauen, Wohnen und Sanieren (Energie-, Bauherren-, Wohnberatung); Seminare und Vorträge.

🕘 Mo.-So. 9-19 Uhr

British Council InfoPoint
Goethestr. 20
80336 München
☎ 089/20603310

🛈 Schwerpunkt der Information ist das britische Bildungssystem. Ferner Hilfe zu Fragen über die aktuelle Kultur in Großbritannien und Nordirland.

www.britishcouncil.de

Familien-, Jugend- u. Erziehungsberatung
Stadtjugendamt
Reisingerstr. 10
80337 München
☎ 089/233-25776

🕘 Kostenlose Beratung für Mütter und Väter, Jungen und Mädchen, Alleinerziehende und Familien, Bezugspersonen, ErzieherInnen und Lehrkräfte.

www.muenchen.de/referat/sozial/6jugend/

Fremden-verkehrsamt
Marienplatz (Rathaus)
80331 München
☎ 089/233-30272

🛈 Infostelle in der München-Information.

🕘 Mo.-Fr. 10-20 Uhr, Sa. 10-16 Uhr

www.muenchen-tourist.de

Jugend-Informations-Zentrum
Paul-Heyse-Str. 22
80336 München
☎ 089/51410660

🛈 Information und Beratung zu verschiedensten Themen für 14-30-jährige (und natürlich deren Eltern).

! Das JIZ ist täglich telefonisch ab 10 Uhr erreichbar!

🕘 Mo.-Fr. 12-18 Uhr, Do. bis 20 Uhr

www.jiz-muenchen.de

München-Mitte

Münchner Spielplan
Galeriestr. 4a und 6
80539 München
☎ 089/2106910

- Informationszentrum für die aktuellen Spielpläne der Münchner Bühnen (mit Programmheften, Photos etc.).
- ! Kein Kartenvorverkauf!
- Di.-Fr. 10-16 Uhr

Pilzberatung
Burgstr. 4
80331 München
☎ 089/233-21171

- Jährlich jeden Mo. von August bis Anfang Oktober kostenlose Überprüfung der gesammelten Pilze.
- ! Weitere Pilzberatungsstelle montags in München-West: Pasinger Rathaus, Landsberger Str. 486 (8.30-11.30 Uhr), 089/233-37290!
- 8.30-11.30 Uhr, 16.30-18 Uhr

Stadtinformation
Marienplatz (Rathaus)
80331 München
☎ 089/223-96960

- Kostenloser Zugang zu aktuellen Bürgerinformationen.
- ! Verschiedene Antragsformulare sind hier ebenfalls erhältlich (Paßverlängerung, Wohngeld etc.)!
- Mo.-Fr. 10-20 Uhr, Sa. 10-16 Uhr

SWM-Shop
Marienplatz
U-Bahn-Zwischengeschoss
80331 München

- Information und Beratung der Stadtwerke München zu Energie, Wasser, Bäder; Unterstützung der SWM-Kunden (z.B. Änderung der Kundendaten).
- Mo.-Fr. 10-20 Uhr, Sa. 10-16 Uhr
- www.swm.de

Umweltladen
Rindermarkt 10
80331 München
☎ 089/233-26666

- Informationsmaterial, Beratung, Ausstellungen und Veranstaltungen zu Umweltthemen.
- ! Email: umweltladen.rgu@muenchen.de
- Mo.-Do. 8.30-12 Uhr, 13-17.30 Uhr, Fr. 8.30-12 Uhr, 13-16.30 Uhr

---

Verbraucher-Zentrale Bayern
Mozartstr. 9
80339 München
☎ 089/53987-26

- Kostenlose Ernährungsberatung.
- Mo., Mi., Do. 9.30-12.30 Uhr, 13.30-17 Uhr; Fr. 9.30-12.30 Uhr, 13.30-15 Uhr; Di. nur telefonische Ernährungsberatung von 9.30-12.30 Uhr, 13.30-17 Uhr
- www.verbraucherzentrale-bayern.de

3.3 Beratung und Informationsstellen

München-Nord

Abfallberatung
Georg-Brauchle-Ring 29
80992 München
☎ 089/233-96200

- Kostenlose Beratung zu allen Fragen rund um den Abfall.
- ! E-Mail: awm@muenchen.de
- Mo.-Do. 8-16 Uhr, Fr. 8-14 Uhr
- www.awm.muenchen.de

München-West

Bürgerhilfe der Regierung von Oberbayern
Elsenheimerstr. 41
80687 München
☎ 089/2176-3295

- Die Bürgerhilfe versteht sich als kompetenter Behördenwegweiser.
- ! Sprechzeiten nach Vereinbarung!

Kinderinformationsladen
Albrechtstr. 37
80636 München
☎ 089/183333

- Die Spiellandschaft Stadt e.V. hat im Laden allgemeines Informationsmaterial (auch hinsichtlich Fortbildungsmöglichkeiten) sowie Broschüren für Spiel- und Ferienangebote vorrätig.
- ! Gegen eine Gebühr können hier Spiele-Koffer ausgeliehen werden!
- Di.-Fr. 13-17 Uhr
- www.spiellandschaft.de

Beratungsstelle der Bezirkssozialarbeit
Allgemeiner Sozialdienst
Orleansplatz 11
81667 München
☎ 089/233-22616

- Die kostenlose und vertrauliche Hilfe steht allen Münchnerinnen und Münchnern - ungeachtet des Alters und der Staatsangehörigkeit - bei sozialen Fragen und Problemen zur Verfügung.
- ! E-Mail: asd.soz@muenchen.de
- www.muenchen.de/referat/sozial

München-Mitte

DGB Bildungswerk Bayern
Schwanthalerstr. 64
80336 München
☎ 089/5593360

🛈 Vorträge, Kurse, Seminare, Besichtigungen, Studienfahrten auch für Nicht-Gewerkschaftsmitglieder aus einem breiten Themenbereich. Voranmeldung nötig, einige Veranstaltungen sind gebührenfrei. Ermäßigte Gebühren unter anderem für DGB-Mitglieder.

🕘 Mo.-Do. 9-11 Uhr, 13-17 Uhr, Fr. 9-12 Uhr

www.dgb-bildungswerk-bayern.de

Landeszentrale für politische Bildungsarbeit
Briennerstr. 41
80333 München
Fax: 089/2186-2180

🛈 Allen politisch interessierten Personen in Bayern wird Bildungsmaterial zur Verfügung gestellt. Einzelpersonen erhalten innerhalb von 6 Monaten bis zu 5 Publikationen. Bestellunterlagen per Mail (landeszentrale@stmuk.bayern.de) oder per Fax anfordern!

! Selbstabholung der bestellten Publikationen für alle Personen aus dem Raum München!

🕘 Ausgabestelle für Selbstabholer: Mo.-Mi. 12.30-16 Uhr, jeder 1. Di. im Monat bis 19 Uhr, Fr. 9-13 Uhr

www.km.bayern.de/blz/

München-Ost

Münchner Volkshochschule
Rosenheimer Str. 5
81667 München
☎ 089/48006-239

🛈 Veranstaltungen der politischen Bildung mit einem breiten Programm sind in der Regel gebührenfrei. Ferner gibt es auch spezielle Kurse für junge Leute von 15 bis 27 Jahren (politische Jugendbildung)!

! Es ist unbedingt erforderlich, sich für die Kurse bei einer der Einschreibestellen anzumelden! Details über die Veranstaltungen bitte jeweils dem aktuellen VHS-Katalog entnehmen!

www.mvhs.de

3.5 Friseure

München-Mitte

Cutting Crew
Augustenstr. 74
80333 München
☎ 089/5236868

🛈 Waschen, Schneiden, Selbst-Föhnen zu € 29,50; Guten-Morgen-Haarschnitt € 26,- von Mo.-Do. 9-11.30 Uhr, Studenten zahlen € 23,- von Mo.-Fr. 9-14 Uhr. Filiale in der Schellingstr. 36 (089/27818283).

🕘 Mo.-Fr. 9-20 Uhr, Sa. 9-15 Uhr

www.cuttingcrew.de

Ulrich Graf
Hans-Sachs-Str. 10
80469 München
☎ 089/2607067

🛈 Modellhaarschnitte (Veränderung, kein Spitzenschneiden): Haarschnitt € 10,-.

🕘 Di.-Fr. 9-18 Uhr

Friseurteam Niesner
Arnulfstr. 2
80335 München
☎ 089/54881920

🛈 Modell-Service: Haarschnitt zu € 24,- und € 28.-.

! Termin vereinbaren!

🕘 Mo., Di., Fr. 9-18 Uhr, Mi., Do. 9-20 Uhr, Sa. 9-13 Uhr

Klaus Niedermann
Hairstyling

Rosental 10
80331 München
☎ 089/2604606

🛈 Modellhaarschnitt zu € 12,50.

🕘 Di-Fr. 9-19 Uhr, Sa. 9-14 Uhr

Munich Hair Design
Landwehrstr. 17
80336 München
☎ 089/598886

🛈 Modellhaarschnitt am Di.-Vormittag durch Auszubildende zu € 8,-; als Modell bei Friseur-Seminaren ebenfalls € 8,-.

! Viel Zeit mitbringen!

🕘 Di., Do., Fr. 9-20 Uhr, Mi. 9-18 Uhr, Sa. 9-13 Uhr

New Hair
Sendlinger Str. 29
80331 München
☎ 089/267147

🛈 Waschen, Schneiden - Kunde föhnt selbst zu € 29,-. Weitere Filialen: Dachauer Str. 5 (089/557172); Frauenstr. 22 (089/29161100); Theresienstr. 48 (089/2800550).

! Kostenloser Modellhaarschnitt an Trainingsabenden; € 16,- bei Schnitt durch Auszubildende.

🕘 Mo.-Fr. 11-20 Uhr, Sa. 9-16 Uhr

www.new-hair.de

München-Mitte

Timo Leibner Hair Academy
Herzogspitalstr. 5
80331 München
☎ 089/23219900

- ❶ Treuebonus: nach dem 6. Besuch ist die nächste jeweilige Leistung kostenlos (Cut Card; Color Card).
- ! Weitere Filialen Fraunhoferstr. 9 (089/266611), Pariser Str. 44 (089/6887330)
- ◷ Mo.-Fr. 10-20 Uhr, Sa. 9-16 Uhr

www.timo-leibner.de

Toni & Guy
Frauenstr. 44
80469 München
☎ 089/294898

- ❶ Haarschneidemodelle gesucht für Fotoaufnahmen, Shows und Haarschneideseminare. Weitere Filiale Maximiliansplatz 12 b (089/22802562).
- ! Termin vereinbaren!
- ◷ Mo., Di., Mi. 10-19 Uhr, Do., Fr. 10-20 Uhr, Sa. 9-16 Uhr

---

Vidal Sassoon
Odeonsplatz 8
80539 München
☎ 089/2421280

- ❶ Haarschneidemodelle gesucht, Schnitt € 11,-.
- ! Termin vereinbaren. Viel Zeit mitbringen, kann 2-3 Stunden dauern!
- ◷ Di.-Fr. 9 -18.30 Uhr, Sa. 9-14 Uhr

Wallmeier Hair
Hackenstr. 5
80331 München
☎ 089/267098

- ❶ Modelle für Schnitt, Farbe, Dauerwelle zum Training des Nachwuchses gesucht zu € 15,-.
- ! Zeit mitbringen!
- ◷ Di. 9-18.30 Uhr, Mi., Do. 9-20 Uhr, Fr. 9-19 Uhr, Sa. 9-16 Uhr

---

München-Nord

Coiffeur Sally
Adalbertstr. 10
80799 München
☎ 089/394721

- ❶ Studenten-/Schülerpreise für Damen (Waschen, Schneiden) € 31,-, für Herren (Waschen, Schneiden) € 23,-.
- ◷ Di.-Fr. 9-18 Uhr, Sa. 9-14 Uhr

Friseur Birner
Georgenstr. 41
80799 München
☎ 089/2717254

- ❶ Modelle zum Haareschneiden und für Dauerwelle gesucht zu € 15,-.
- ! Fr. und Sa. keine Modelle!
- ◷ Di., Mi., Fr. 9-18 Uhr, Do. 9-19 Uhr, Sa. 9-13 Uhr

3.5 Friseure

München-Nord

Frisör Klier
Schleißheimer Str. 93
(Karstadt)
80797 München
☎ 089/12007642

🛈 Schnäppchen-Tage: jeder Mo.: Dauerwellentag ca. € 5,- billiger; jeder Di.: Farbtag 20 % Nachlass, jeder Mi.: Herrenfrisurtag statt € 18,- zu € 14,-.

! Angebot gilt auch: OEZ, Riesstr. 61 (Karstadt) (089/14304988), 85764 Oberschleißheim, Mittenheimerstr. 54 (089/31598982), 85716 Lohhof, Rathausplatz 9 (089/32180862), 82110 Germering, Gabriele-Münter-Str. 2 (089/84059139).

🕘 Mo.-Fr. 9.30-20 Uhr, Sa. 8.30-16 Uhr

New Cut
Schellingstr. 111
80798 München
☎ 089/52388536

🛈 Di. und Do. Waschen, Schneiden, Styling für Studenten ab € 24,-.

🕘 Mo.-Fr. 9-20 Uhr, Sa. 9-15.30 Uhr

www.new-cut.de

New Hair
Hohenzollernstr. 39
80801 München
☎ 089/348267

🛈 Waschen, Schneiden - Kunde föhnt selbst zu € 29,-.

! An Trainingsabenden kostenloser Modellhaarschnitt; € 16,- bei Schnitt durch Auszubildende. Weitere Filialen in München-Nord: Leopoldstr. 42 (089/33029752).

🕘 Mo.-Fr. 11-20 Uhr, Sa. 9-16 Uhr

www.new-hair.de

Morgenrot
Friseure

Amalienstr. 71
80799 München
☎ 089/28996966

🛈 Studentenermäßigung gegen Ausweis zu € 36,- (statt € 46,-).

🕘 Mo.-Fr. 10-20 Uhr, Sa. 10-16 Uhr

Schnittstelle
Barerstr. 55
80799 München
☎ 089/27275552

🛈 Waschen, Schneiden für Studenten zu € 22,-.

🕘 Mo.-Fr. 9-20 Uhr, Sa. 9-16 Uhr

www.schnittstelle-muenchen.de

München-West

Wallmeier Hair
Landsbergerstr. 478
81241 München
☎ 089/8347051

🛈 Modelle für Schnitt, Farbe, Dauerwelle zum Training des Nachwuchses zu € 15,- gesucht!

🕘 Mo.-Mi. 9-18 Uhr, Do., Fr. 9-20 Uhr, Sa. 9-14 Uhr

www.wallmeier-hair.de

München-Süd

Barber Shop
Boschetsrieder Str. 140
81379 München
☎ 089/78582630

🛈 Schüler- und Studententag am Mo. von 13-18.30 Uhr: Haarschnitt statt € 15,- nur € 9,-.
🕘 Di.-Fr. 9-18.30 Uhr, Sa. 8-13 Uhr

Hair Treff
Cincinnatistr. 3
81549 München
☎ 089/6902012

🛈 Waschen, Schneiden - Kunde föhnt selbst für € 24,50.
🕘 Mo.-Fr. 8-20 Uhr, Sa. 8-14 Uhr

Salon Weitzenböck
Meindlstr. 6
81373 München
☎ 089/766006

🛈 Herren-Haarschnitt jeden Di.-Fr. von 16-18 Uhr zu € 12,-.
🕘 Mo.-Fr. 8.30-18 Uhr, Sa. 8-12 Uhr

München-Ost

Edwards
Weißenburger Platz 6
81667 München
☎ 089/4489959

🛈 Modellhaarschnitt für Studierende zu € 8,-.
🕘 Mo.-Fr. 9-20 Uhr, Sa. 9-13 Uhr
www.edwards-hairdesign.de

Friseur Blatter
Verwaltung
Ismaninger Str. 1
81675 München
☎ 089/475053

🛈 Testkunden unterschiedlichen Alters gesucht, die sich in einer der Filialen ihre individuellen Haarwünsche kostenlos erfüllen lassen. Schriftlich bewerben! Aufgrund der vielen Bewerbungen werden die Testkunden dann ausgelost. Filialen: Stachus EKZ (089/591464), Rosental 1 (089/268764), OEZ-EKZ (089/1416061), PEP-EKZ (089/6372121), SB-Shop PEP (089/6255225), Weitlstr. 115 (089/3133727), Kirchenstr. 2 (089/4802062), Edelweißstr. 14 (089/6917107), Machtlfinger Str. 14 (089/7851485), Jagdfeld Haar (089/4602796).
! In den Filialen unterschiedliche Öffnungszeiten!
🕘 Mo.-Fr. 9-18 Uhr, Sa. 9-14 Uhr

3.5 Friseure

München-Ost

New Hair
Innere Wiener Str. 58
81667 München
☎ 089/4480808

- 🛈 Waschen, Schneiden - Kunde föhnt selbst zu € 29,-.
- ! An Trainingsabenden kostenloser Modellhaarschnitt; € 16,- bei Schnitt durch Auszubildende.
- 🕘 Mo.-Fr. 11-20 Uhr, Sa. 9-16 Uhr

www.new-hair.de

Spiegelbild
Rosenheimer Str. 125
81667 München
☎ 089/4801269

- 🛈 Jeder zehnte Schnitt ist hier kostenlos!
- 🕘 Di., Mi., Fr. 9.30-18.30 Uhr, Do. 9.30-20 Uhr, Sa. 9.30-14 Uhr

---

München-Region

Haarstudio Janet
Planegger Str. 7
82110 Germering
☎ 089/8413727

- 🛈 Mo. Seniorentag: Dauerwellen inkl. Frisur ohne Schneiden zu € 40,-.
- 🕘 Mo.-Fr. 8.30-18 Uhr, Sa. 8-12 Uhr

3.6 Kosmetik-Institute

München-Mitte

Münchner Schmink- und Kosmetikschule
Dachauer Str. 5
80335 München
☎ 089/557552

- 🛈 Modelle für Kosmetikbehandlung gesucht, Kostenbeitrag ca. € 20,-.
- ! Ca. 2 Monate vorher Termin vereinbaren!

Kosmetikschule Norkauer
Prielmayerstr. 1
80335 München
☎ 089/591693

- 🛈 Modelle für Kosmetikbehandlungen gesucht. Kostenbeitrag € 23,-.
- ! Termin vereinbaren!

www.kosmetik-norkauer.de

München-Mitte

Kosmetik- und Berufsfachschule
Altheimer Eck 3
80331 München
☎ 089/264488

🛈 Modelle gesucht! Als Modell kann man sich gegen geringe Materialkosten-Beteiligung in Gesichtspflege, Maniküre, med. Fußpflege, Laserkosmetik, Epilation, Cellulite etc. behandeln lassen. Gesichtsbehandlung € 21,-.

! Termin vereinbaren!

www.kosmetik-schule.de

München-Nord

Kosmetikschule Ingrid von Pechmar
Hohenzollernstr. 29
80801 München
☎ 089/349606

🛈 Günstige Gesichtsbehandlung als Modell zu € 19,-.

! Termin vereinbaren!

www.kosmetikschule-muenchen.de

Schwabinger Kosmetik- und Visagistenschule
Münchner Freiheit 20
80802 München
☎ 089/343434

🛈 Laufend Schminkmodelle gesucht. Kostenlos.

! Termin vereinbaren!

München-Ost

Body + Face Visagistenschule
Belfortstr. 8
81667 München
☎ 089/484492

🛈 Laufend Schminkmodelle gesucht.

! Termin vereinbaren!

3.7 Sonnenstudios

München-Mitte

Munich Sun
Buttermelcherstr. 1
80469 München
☎ 089/1792946996

- Happy Hour Mo.-Fr. 9-11 Uhr, 14-16 Uhr.
- ! Weitere Filialen in München-Mitte: Ridlerstr. 46, Gollierstr. 3.
- Täglich 8-22 Uhr

Summertime
Viktualienmarkt 7/I
80331 München
☎ 089/227709

- Happy Hour 10-11.30 Uhr, 14.30-16 Uhr, 19.30-21 Uhr. Weiteres Studio: Pestalozzistr. 3 (089/264789).
- Mo.-Fr. 10-21 Uhr, Sa. 10-19 Uhr, So. 10-15 Uhr

SunShine
Landwehrstr. 24
80336 München
☎ 089/454910-85

- Happy Hour: Mo.-Fr. 9-11 Uhr und 14-16 Uhr, 20-25 % längere Bräunungszeit. Sun-Shine-Card: € 50,- bezahlen, für € 56,- sonnen. SB-Service mit Aufsicht.
- Mo.-So. 8-22 Uhr

www.sunshinestudios.de

München-Nord

Beauty Solar Sonnenstudio
Eversbuschstr. 146
80999 München

- Super Happy Hour täglich von 9-11 Uhr mit 50 % Ersparnis. Happy Days: jeden Tag ein anderes Solarium zum halben Preis.
- ! Filiale in Karlsfeld, Münchner Str. 219.
- Täglich bis 22 Uhr

Euro SunSun
Belgradstr. 61
80796 München
☎ 089/30779240

- Happy Hour Mo.-Fr. 9-11, 14-16, 21-23 Uhr, Sa., So., Fei. 9-13 Uhr, 20-23 Uhr.
- ! Weitere Filiale: Wilhelmstr. 15 (089/344372)
- Täglich 9-23 Uhr

Sun Fit Studio
Türkenstr. 88
(Amalienpassage)
80799 München
☎ 089/283669

- Happy Hour: Mo.-Fr. 10-14 Uhr, 18-21 Uhr sowie Sa., So. 10-20 Uhr.
- Mo.-Fr. 10-21 Uhr, Sa., So. 10-20 Uhr

München-Nord

SunShine
Wilhelmstr. 43
80801 München
☎ 089/454910-85

Happy-Hour: Mo.-Fr. 9-11 Uhr und 14-16 Uhr, 20-25 % längere Bräunungszeit. Sun-Shine-Card: € 50 bezahlen, für € 56,- sonnen. SB-Service mit Aufsicht. Weitere Filiale: Dachauer Str. 433.

Mo.-So. 8-22 Uhr

www.sunshinestudios.de

München-West

Jamaica Sun
Planegger Str. 1
81241 München
☎ 089/880266

Happy Hour täglich von 9-11 Uhr, 13-16 Uhr, 19-22 Uhr (50 % mehr Bräunungszeit sowie zusätzlich bis zu 30 % mehr Zeit durch die Jamaica-Sun-Abos).

Täglich 9-22 Uhr

Mario's Sun Power
Fürstenrieder Str. 26
80687 München
☎ 0800/0564030
(kostenlos)

Super Hour Mo.-Fr. 8-10 Uhr und 21-23.30 Uhr, Sa. 8-10 Uhr und 13-23.30 Uhr, So./Fei. 8-23 Uhr,
Happy Hour Mo.-Fr. 10-15 Uhr und 20-21 Uhr, Sa. 10-13 Uhr.

Mo.-Fr. 9-23 Uhr, Sa. 8.30-21.30 Uhr, So. 9.30-21.30 Uhr

www.marios-sunpower.de

Munich Sun
Gotthardstr. 40
80686 München

Happy Hour Mo.-Fr. 9-11 Uhr, 14-16 Uhr.

Täglich 8-22 Uhr

Southern Belle Sun
Donnersbergerstr. 16
80634 München
☎ 089/162061

Happy Hour von 10-12 Uhr, 13-16 Uhr, 18-21 Uhr.

! Filiale Waisenhausstr. 74 (089/1577385), Mo.-Fr. 10-13 Uhr und 15-21 Uhr, Sa. 10-19 Uhr, So. 14-19 Uhr.

Mo.-So. 10-22 Uhr

SunShine
Leonrodstr. 29
80636 München
☎ 089/454910-85

Happy-Hour: Mo.-Fr. 9-11 Uhr und 14-16 Uhr, 20-25 % längere Bräunungszeit. Sun-Shine-Card: € 50,- bezahlen, für € 56,- sonnen. SB-Service mit Aufsicht.
Weitere Filiale: Fürstenrieder Str. 97.

Mo.-So. 8-22 Uhr

www.sunshinestudios.de

3.7 Sonnenstudios

München-West

sunsun
Landsbergerstr. 480
81241 München
☎ 089/837175

- Happy Hour mit 50 % längeren Bräunungszeiten: Mo.-Fr. 9-11 Uhr, 13-16 Uhr, 17.30-21.30 Uhr, Sa., 9-13 Uhr, 14-16 Uhr, 17.30-21.30 Uhr, So., Fei. 9-21.30 Uhr.
- ! Bitte beachten Sie die Anzeige auf S. 119!
- Täglich 9-22 Uhr
- www.sunsun.de

München-Süd

Future Sun
Ohlmüllerstr. 17
81541 München
☎ 089/664770

- Happy Hour mit längeren Bräunungszeiten: Mo.-Fr. 8-10 Uhr, 12-14 Uhr, 19-22 Uhr, Sa. 9-10, 12-14, 18-20 Uhr, So., Fei. immer. Sun-Card mit Bonus.
- Mo.-Fr. 8-22 Uhr, Sa.,So.,Fei. 9-22 Uhr

Happy Sun
Garmischer Str. 52
81373 München

- Happy Hour Mo.-Fr. 8-12 und 14-16 Uhr, Sa. 18-20 Uhr.
- Täglich 8-21 Uhr

Sun Place
Aidenbachstr. 30
81379 München
☎ 089/78018016

- Happy Hour Mo.-Fr. 10-11.30 Uhr, 13.30-15.30 Uhr.
- Mo.-Fr. 10-21.30 Uhr, Sa., So., Fei. 10-19.30 Uhr

SunShine
Implerstr. 87
81371 München
☎ 089/454910-85

- Happy Hour: 9-11 Uhr und 14-16 Uhr, 20-25 % längere Bräunungszeit. Sun-Shine-Card € 50,- bezahlen, für € 56,- sonnen. SB-Service mit Aufsicht. Weitere Filialen: Tegernseer Landstr. 15, Albert-Roßhaupter-Str. 13, Boschetsrieder Str. 59, Drygalski-Allee 171, Winterthurer Str. 2.
- Mo.-So. 8-22 Uhr
- www.sunshinestudios.de

München-Ost

ATISUN
Grillparzer Str. 25
81675 München
☎ 089/6911178

- Happy Hour täglich 9-11 Uhr und 14-16 Uhr mit 25 % mehr Bräune!
- Täglich 9-21 Uhr

München-Ost

SunShine
Orleansstr. 2
81669 München
☎ 089/454910-85

Happy-Hour: 9-11 Uhr und 14-16 Uhr 20-25 % längere Bräunungszeit. Sun-Shine-Card: € 50,- bezahlen, für € 56,- sonnen. SB-Service mit Aufsicht. Weitere Filialen München-Ost: Einsteinstr.171; Charles-de-Gaulle-Str. 2; Elektrastr. 6 b; Gustav-Heinemann-Ring 125.

Mo.-So. 8-22 Uhr

www.sunshinestudios.de

---

sunsun
Franziskanerstr. 14
81669 München
☎ 089/4487616

Happy Hour mit 50 % längeren Bräunungszeiten: Mo.-Fr. 9-11 Uhr, 13-16 Uhr, 17.30-21.30 Uhr; Sa. 9-13 Uhr, 14-16 Uhr, 17.30-21.30 Uhr, So., Fei. 9-21.30 Uhr. Weiteres Studio: Berg-am-Laim-Str. 91, 089/4362463.

! Bitte beachten Sie die Anzeige auf dieser Seite!

Täglich 9-22 Uhr!

www.sunsun.de

München-Region

Mac Sun
Heimstättenstr. 37
82256 Fürstenfeldbruck

Happy Sun Hours Mo.-Fr. von 8-11 Uhr und 14-16 Uhr mit 25 % Rabatt.

Mo.-Fr. 8-22 Uhr, Sa., So., Fei. 9-22 Uhr

3.8 Personenbeförderung

München-Mitte

Bayern-Ticket Deutsche Bahn

Bahnhofplatz 2
80335 München
☎ 01805-996633
(€ 0,12/Min.)

🛈 Zu € 21,- fahren bis zu 5 Personen oder Eltern bzw. Großeltern mit beliebig vielen Kindern oder Enkelkindern (bis einschließlich 14 Jahre) einen Tag lang durch Bayern (von 9 Uhr vormittags bis 3 Uhr früh des Folgetags, an Wochenfeiertagen ganztägig). Es gilt in Nahverkehrszügen (S, RB, RE) in der 2. Klasse in Bayern sowie im gesamten MVV. Für D-Züge Zusatzticket zu € 13,-.

! Schönes-Wochenende-Ticket zu € 28,-.

www.bahn.de

MVV

Thierschstr. 2
80538 München
☎ 089/41424344

🛈 Verschiedene Sparangebote: z.B. Single-Tageskarte, Partner-Tageskarte, U 21-Angebot als Spartarif für Jugendliche, Grüne Karte, Grüne Jugendkarte, IsarCard-Abo (12 Monate fahren, 10 bezahlen), IsarCardJob als rabattiertes Firmenticket für Mitarbeiter; bei bargeldloser Zahlung am Automaten: Einzelfahrt zum Streifenpreis!

! Verschiedene Kombi-Tickets, z.B. Buchheim-Museum zu € 18,-, ferner Messe, Fahren & Fliegen sowie diverse Theater!

🕘 Tarifauskünfte unter 089/2191-3287!

www.mvv-muenchen.de

München-Region

Europa-Reisen München Skipass

Isartorplatz 1
80331 München
☎ 089/297766

🛈 Tagespass für das Skigebiet Wipptal/Tirol (Bergeralm und Sattelberg) inklusive Hin- und Rückfahrt im Luxusbus, eine Abendzeitung und ein Frühstück jeden Mo., Di., Mi., Fr. zu € 21,-, jeden Sa. und So. zu € 25,-.

www.ski-tagesfahrten.de

Schifffahrt auf dem Starnberger See

Dampfschiffstr. 5
82319 Starnberg
☎ 08151/12023

🛈 Seniorentag: Mo. fahren Senioren ab 65 zum halben Preis (gilt nur für Rundfahrten). Senioren ab 85 haben an diesem Tag freie Fahrt.

! Angebot gilt auch für den Ammersee!

www.seenschifffahrt.de

München-Region

Skigebiet Christlum
A-6215 Achenkirch
☎ 0043-5246-6300

🛈 Mehrere Sparangebote: Di. € 9,- Ermäßigung für alle Damen auf eine Erwachsenen-Tageskarte, gleiche Ersparnis am Do. für alle ab 50-jährigen Personen, Mi. Après-Ski-Special mit Ermäßigung um € 1,40 für den ‚Einkehrschwung'.

! Angebot gilt nicht an sämtlichen Feiertagen und über die Weihnachtsferien!

www3.tiscover.com/christlum

Skigebiet Hocheck
83080 Oberaudorf
☎ 08033/3035-0

🛈 Mo. Seniorentag, Di. Studententag, Mi. Damentag, Do. Kindertag, Fr. Familientag (mit Ermäßigung für die jeweilige Gruppe).

! Ermäßigungen jeweils an Feiertagen nicht gültig!

www.hocheck.de

Skigebiet SkiWelt Wilder Kaiser - Brixental
A-6352 Ellmau
☎ 0043-5358-505

🛈 Mi. ist im größten zusammenhängenden Skigebiet Österreichs Ladies-Skitag nach den Weihnachtsferien (Tages- oder Teiltageskarte zum Kindertarif).

! Nanno Lagerverkauf in Kufstein, Kreuzgasse 11: Schuhe, Trachten, Accessoires von Nanno by Geier Wally; Mo.-Fr. 9-18 Uhr, Sa. 9-13 Uhr (0043-5372/72298), www.geierwally.at

www.skiwelt.at

Skigebiet Sudelfeld
83735 Bayrischzell
☎ 08023/588

🛈 Zum Kindertarif fahren am Mi. alle Frauen; gültig nach den Weihnachtsferien.

www.sudelfeld.de

Skigebiet St. Johann/Tirol
A-6380 St. Johann/T.
☎ 0043-5352-62293

🛈 Jeder Mi. ist Damentag (Tageskarte zu € 18,-), nach den Weihnachtsferien gültig!

! Geier Wally Lagerverkauf in Going an der Bundesstraße (800 m vom Stanglwirt): Schuhe,Tracht, Mode; Mo.-Fr. 9-18 Uhr, Sa. 9-13 Uhr (0043-5358/44232), www.geierwally.at

www.st.johann.tirol.at

3.9 Reinigungen

München-Mitte

Kingsgard
Bahnhofsplatz 2
80335 München
☎ 089/592434

- 22 Hemden gewaschen, gebügelt und auf den Bügel gehängt zu € 44,90 (Abo-Ersparnis € 5,60).
- ! Weitere Filiale in München-Mitte: Hauptbahnhof München, S-Bahnbereich, 089/596722
- Mo.-Fr. 7.30-18.30 Uhr, Sa. 8.30-12 Uhr

www.Baiers-Kingsgard.de

Martinizing
Zweibrückenstr. 6
80331 München
☎ 089/295885

- Vollreinigung von vier ‚Klamotten' zu € 15,-, vier Hemden gewaschen, gebügelt, folienverpackt zu € 2,35/Stück.
- ! Weitere Filiale in München-Mitte mit diesem Angebot: Sendlinger-Tor-Platz 10 (089/591209) - Hemdenangebot hier zu insgesamt € 6,-.
- Mo.-Fr. 7-18.30 Uhr, Sa. 8-13 Uhr

www.martinizing.de/muenchen-isartor.html

München-Nord

Kingsgard
Hohenzollernstr. 130
80796 München
☎ 089/3006531

- 22 Hemden gewaschen, gebügelt und auf den Bügel gehängt zu € 44,90 (Abo-Ersparnis € 5,60). Angebot gültig auch: Wilhelmstr. 13 (089/331986), Gartenstr. 22 (089/3082905), Schleißheimer Str. 442 (089/3142005), Keferloher Str. 76 (089/355175), Amalienstr. 61 (089/281733)
- Mo.-Fr. 7.30-18.30 Uhr, Sa. 8.30-12 Uhr

www.Baiers-Kingsgard.de

Martinizing
Schleißheimer Str. 127
80797 München
☎ 089/3071909

- Vollreinigung vier ‚Klamotten' zu € 15,-. Vier Hemden gewaschen, gebügelt, folienverpackt zu € 5,-.
- Mo.-Fr. 7-18.30 Uhr, Sa. 8-13 Uhr

www.martinizing.de/muenchen-schwabing.html

München-Süd

Martinizing
Plinganserstr. 33
81369 München
☎ 089/774242

- Vollreinigung von vier ‚Klamotten' zu € 14,96. Vier Hemden gewaschen, gebügelt, folienverpackt zu € 5,12.
  Weitere Filialen in München-Süd: Tegernseer Landstr. 17 (089/69359325): Klamottenangebot zu € 15,-, Hemdenangebot zu € 5,04. Machtlfinger Str. 4 (089/78587470): Klamottenangebot zu € 15,-, Hemdenangebot zu € 6,-.
- Mo.-Fr. 7-19 Uhr, Sa. 8-13 Uhr

www.martinizing.de/muenchen-harras.html

München-Ost

Kingsgard
Orleansplatz 11
S-Bahnbereich
81669 München
☎ 089/4489919

- 22 Hemden gewaschen, gebügelt und auf den Bügel gehängt zu € 44,90 (Abo-Ersparnis € 5,60).
- ! Weitere Filiale am Flughafen Zentralgebäude (089/97521375)
- Mo.-Fr. 7.30-18.30 Uhr, Sa. 8.30-12 Uhr

www.Baiers-Kingsgard.de

SONSTIGE DIENSTLEISTUNGEN 3.10

BOWLING

München-Süd

Hollywood Super Bowling
Forstenrieder Allee 74
81476 München
☎ 089/753921

- Sa., So., Fei. Good Morning Bowling (10-16 Uhr): 1 Spiel pro Person nur € 1,60; So., Fei. Pärchen Bowling (19-1 Uhr): 1 Spiel pro Paar zu € 4,30. Di. und Do. Studenten Bowling (21.30-1 Uhr): 1 Spiel pro Person nur € 1,50.
- Mo.-Do. 14-1 Uhr, Fr. 14-3 Uhr, Sa. 10-3 Uhr, So., Fei. 10-1 Uhr

www.hollywoodsuperbowling.de

Isar Bowling
Martin-Luther-Str.22
81539 München
☎ 089/6924512

- Jeden So. ab 20 Uhr Er & Sie-Bowling: er bezahlt, sie spielt gratis (auf einer Bahn). Juni - August Sommerpreise, d.h. täglich von 14-20 Uhr 1 Bahn pro Stunde zu € 12,-.
- September-Mai: Mo.-Fr., Fei: 14-1 Uhr, Sa. 11-1 Uhr, So. 10-1 Uhr; Juni-August: täglich 14-1 Uhr

www.isarbowling.de

VIDEO-VERLEIH

München-Mitte

MBV Video und CD Discount Markt
Müllerstr. 43
80469 München
☎ 089/26022639

- Dreierpaket für zwei Tage zu € 8,- statt € 10,50; Dreierpaket für drei Tage zu € 11,- statt € 15,75; Wochenendpaket Sa.-Mo.: sechs Filme zu € 16,- statt € 21,-.
- Di.-Fr. 10-22 Uhr, Mo., Sa. 10-24 Uhr

3.10 Sonstige Dienstleistungen

München-Mitte

Krey's Münchner Video Center
Schleißheimer Str. 411
80935 München
☎ 089/3146325

- Spezielle Angebote: von Di. auf Mi. drei Filme zum Preis von zwei; von Sa. bis Mo. fünf Filme zum Preis von vier; von Fr. bis Mo. fünf Filme zum Preis von drei.
- Mo.-Do. 9-23 Uhr, Fr., Sa. 9-24 Uhr

FREIZEITPARKS

München-Region

Bavaria Filmstadt
Bavariafilmplatz 7
82031 Geiselgasteig
☎ 089/64992000

- Kombi-Angebot Super-Special: Filmstadt-Führung & MVV-Ticket für € 25,- für bis zu 5 Personen (davon höchstens zwei ab 18 Jahren).
- ! Geburtstagskinder haben freien Eintritt (Ausweis)!

www.filmstadt.de

Ravensburger Spieleland
Am Hangenwald 1
88074 Meckenbeuren
☎ 07542/4000

- Winterkinder-Aktion Mitte Mai über mehrere Tage: freier Eintritt für jedes Kind bis 14 Jahre, das außerhalb der Spieleland-Saison (ca. Nov. bis Mitte April) seinen Geburtstag feierte. Vorgabe: jeweils ein voll zahlender Erwachsener! Opa-/Oma-Aktion Ende Oktober: in Begleitung eines voll zahlenden Enkelkindes freier Eintritt.
- ! Geburtstagskinder bis 14 Jahre haben freien Eintritt in der Saison; gültig bis 6 Tage nach dem Geburtstag!

www.spieleland.com

Skyline Park
Im Hartfeld 1
86825 Bad Wörishofen
☎ 08245/96690

- Jeden Fr. Familientag (Einheitspreis pro Person: € 8,50) - gilt nicht an Feier-, Brückentagen und während der bayerischen Schulferien!
- ! Geburtstagskinder mit Ausweis haben freien Eintritt!

www.skylinepark.de

Sonstige Dienstleistungen 3.10

BUNGEESPRINGEN

München-Region

Bungee-Sprungzentrum
Regattastrecke
85764 Oberschleißheim
☎ 089/606089-20

- 🛈 Early-Bird-Ticket zwischen 9 und 11 Uhr zu € 39,- statt € 55,-.
- ! Saisoneröffnung am 1. Mai!
- 🕘 In der Hauptsaison (Mai-Oktober) immer So. 9-19 Uhr

www.jochen-schweizer.de

ERLEBNIS-SCHWIMMBAD

München-Region

Therme Erding
Thermenallee 1
85435 Erding
☎ 08122/229922

- 🛈 Verschiedene Angebote, z.B. Frühschwimmer: Eintritt vor 13 Uhr für 2 Stunden von Mo.-Fr. (außer Fei.) zu € 7,50; Monday Night: Eintritt nach 20.30 bis 22.30 Uhr außer Fei. zu € 8,-. Für Stammgäste verschiedene ThermenCards mit bis zu 12 % Kaufrabatt.
- 🕘 Mo.-Fr. 10-23 Uhr, Sa., So., Fei. 9-23 Uhr

www.therme-erding.de

Mitgliedschafts-Vergünstigungen 3.11

München-Mitte

Barheft der tz
Bayerstr. 57
80335 München
☎ 089/5306-351

- 🛈 20 Cocktail-Gutscheine für 20 verschiedene Münchner Bars zu € 19,- (mit einem Gegenwert von über € 150,-).

Förderverein Bürgernetz München
Schwanthalerstr. 12
80336 München
☎ 089/16783892

- 🛈 Durch ein umfassendes Schulungsprogramm sollen Interessierte an die Computerbedienung und die Internetnutzung heran geführt werden. Mitgliedsbeitrag als Privatperson € 30,-/Kalenderjahr.

www.muenchen.org/verein

München-Mitte

Lohnsteuerhilfe Bayern
Sandstr. 21
80335 München
☎ 089/5427240

ⓘ Qualifizierter Beratungsservice in allen Steuerangelegenheiten. Mitgliedsbeiträge richten sich nach der Höhe des jährlichen Einkommens, z.B. bis € 32000,- beträgt Jahresbeitrag € 92,-. Einkommensteuererklärung wird erstellt bei ausschließlich Einkünften aus nichtselbstständiger Arbeit.

! 12 Beratungsstellen in München. Beiträge sind als Steuerberatungskosten absetzbar!

www.lohi.de

Partycard
Postfach 430844
80738 München
☎ 089/27372138

ⓘ Kostenlose Karte ermöglicht Vergünstigungen in Münchner Clubs und Discos (z.B. ermäßigter oder freier Eintritt; Freigetränke oder Getränkegutscheine oder sonstige spezielle Angebote). Anmeldungen sind nur auf der Website möglich!

www.partycardmuenchen.de

S-Club
Jugendclub der Stadtsparkasse
Sparkassenstr. 2
80331 München
☎ 089/21670

ⓘ Tipps, Infos und Broschüren zu Themen wie Sparen, Geldanlage, Schule und Beruf. Ferner: Freizeitaktivitäten zu jugendgerechten Preisen (Partner aus den Bereichen Kino, Konzerte, Sport, Freizeit und Reisen). Jedes Mitglied erhält monatlich das S-Club-Magazin. Monatlicher Mitgliedsbeitrag € 1,28.

! Kostenlose dreimonatige Testmöglichkeit!

www.sskm.de

SeniorenNet Süd
Treffpunkt
Cafeteria des ASZ Altstadt
Sebastiansplatz 12
80331 München

ⓘ Erleichterung des Umgangs mit den neuen Medien für Seniorinnen und Senioren; Erfahrungsaustausch. Jährlicher Kostenzuschuss mindestens € 30,-.

! Nächste Termine (jeweils am Mi. um 18.30 Uhr, unregelmäßig) im Internet ermitteln!

www.seniorennet.de/muenchen/

Theatergemeinde München
Goethestr. 24
80336 München
☎ 089/535454

ⓘ Vermittlung von Karten zu ermäßigten Preisen (bis 20 %), daneben vielseitige und preiswerte Eigenveranstaltungen. Jahresbeitrag € 19,- für jeden ersten Teilnehmer, € 16,- für jede weitere Teilnehmerschaft. Ferner einmalige Aufnahmegebühr € 7,- pro Teilnehmer.

! Weitere Angebote ohne Jahresbeitrag: Jugend-Abos, Konzert-Abos!

🕘 Mo.-Do. 8.30-17 Uhr, Fr. 8.30-15 Uhr

www.theatergemeinde-muenchen.de

München-Mitte

Volksbühne München
Landwehrstr. 16
80336 München
☎ 089/54597474

- Verschiedene Abonnementserien (mit maximal 10 Aufrufen zu einer Vorstellung in verschiedenen Theatern): einmalige Aufnahmegebühr von € 7,70 sowie Jahresbeitrag von € 15,50. Der Kartenpreis ist grundsätzlich zwischen 5 und 20 % ermäßigt. Daneben freie Mitgliedschaft zu € 24,50 pro Jahr mit Angeboten in unregelmäßigen Abständen.
- ! Weitere spezielle Serien: z.B. Oper Spezial, Montagsserie, Sonderabo für Jugendliche unter 21!
- Mo., Mi. 8-16 Uhr, Di. 8-14 Uhr, Do. 9-18 Uhr, Fr. 8-15 Uhr

---

München-Nord

LETS
Local Exchange Trading System
Ligsalzstr. 20
80339 München
☎ 089/529770

- Tauschring-Büro für Dienstleistungen, d.h. Mitglieder bieten und suchen Dienstleistungen ohne Geldtransaktionen. Mitgliedsbeitrag einmalig € 10,-. Daneben erstes Tauschheft (gegen Druckkosten € 1,50), Marktzeitung (gegen Druckkosten € 1,80). Für Verwaltung 3 Talente/Monat (Talent = Verrechnungseinheit).
- ! LETS Tauschnetz-Büro Bayerstr. 77a Rgb., 80335 München, 089/53295613.
- Tauschring-Büro Mo. 17-20 Uhr, Do. 10-13 Uhr, Tauschnetz-Büro Mo. 16-19 Uhr, Mi. 10-13 Uhr, Fr. 14-17 Uhr

www.cooltips.de/lets/

Verbraucherberatung für Wohnungs- und Hauskäufer
Aidenbachstr. 78
81379 München
☎ 089/78078000

- Information und Beratung rund um die Immobilie ohne Jahresbeitrag auf Honorarbasis.
- Sprechstunden Mo.-Do. 9-12 Uhr, 13.30-17 Uhr, Fr. 9.30-13 Uhr

www.verbraucherberatung-immobilien.de

München-Region

Dinner for Two
Postfach 1650
82121 Gauting
☎ 089/8508898

- Das ein Jahr gültige Dinner-Scheckheft im Wert von € 39,- enthält Dinnerschecks für über 55 Restaurants in München und Umgebung. Man geht zu zweit zum Essen - bezahlt aber nur für einen. Getränke sind immer extra zu begleichen.
- ! Bitte beachten Sie die Anzeige auf S. 128!

www.onefortwo.de

3.11 Mitgliedschafts-Vergünstigungen

München-Region

Freie Volksbühne München
Bürgermeister-Drey-Str. 28
82140 Olching
☎ 08142/284352

🛈 Die Organisation von interessierten Theaterbesuchern vermittelt ihren Mitgliedern pro Saison 9 Karten in den 5 größten Theatern Münchens zu einem Einheitspreis von € 22,-. Einmalige Aufnahmegebühr € 1,-.

! Bei Jahreszahlung 4 % Skonto! Aufschläge für sehr gute und gute Plätze in der Staatsoper und im Gärtnerplatztheater.

🕘 Mo., Do. 10-12 Uhr, Mi. 12.30-14.30 Uhr (Telefonzeiten)

---

4 Freizeit und Kultur in München

4.1 Besichtigungen zum Nulltarif

München-Mitte

Europäischer Tag des offenen Denkmals
Diverse Orte
München

🛈 An einem So. im September besteht die Möglichkeit, sonst nicht zugängliche Baudenkmäler mit Experten zu besichtigen.

! Bitte die Hinweise in der Tagespresse beachten!

Stadtrats-sitzungen
Marienplatz 8
80331 München
☎ 089/2338611

🛈 Öffentliche Vollversammlungen des Münchner Stadtrats finden derzeit jeden dritten Mi. ab 9 Uhr im Großen Sitzungssaal des Rathauses statt (außerhalb der Stadtrats-ferien). Zutritt für einzelne Personen ohne Voranmeldung.

! Aushang der Tagesordnung jeweils ab Mo. vor der Sitzung am Rathaus-Eingang! Für größere Gruppen telefonische Anmeldung beim Sitzungsdienst empfehlenswert!

München-Nord

Bayerische Motoren-Werke
Petuelring 130
80809 München
☎ 089/38225652

🛈 Kostenlose Führungen durch das Werk (2-2,5-stündig) von Mo. bis Fr. für Einzelgäste nach vorheriger telefonischer Anmeldung. Gruppen über 5 Personen melden sich frühzeitig unter 089/38223639 (9.30-12 Uhr) an.

www.bmw.de

München-Süd

Schaugarten für Giftpflanzen
Sachsenstr. 2
80469 München

🛈 Im Schaugarten an der Isar neben der städtischen Baumschule können giftige heimische Pflanzen betrachtet werden.

🕘 Im Sommerhalbjahr täglich von 7 Uhr bis zum Einbruch der Dunkelheit

---

München-Ost

Landtags-sitzungen
Max-Planck-Str. 1
81675 München
☎ 089/41260

🛈 In einer wechselnd festgelegten Woche eines jeden Monats (Ausnahme: Parlamentsferien im August und September) finden öffentliche Sitzungen im Plenarsaal des Maximilianeums statt.

! Beim Pförtner (siehe Telefonnummer) Auskunft über Sitzungstermine sowie Tagesordnung einholen! Sitzungsplan auch im Internet!

www.bayern.landtag.de

München-Mitte

Bayerische Staatsbibliothek
Ludwigstr. 16
80539 München
☎ 089/286380

- Sehr große wissenschaftliche Universalbibliothek mit über 7 Mio Bänden und ca. 40000 laufenden Zeitschriften.
- ! Der Zeitschriftensaal mit den Heften des aktuellen Jahrgangs hat Mo.-Fr. von 9-21 Uhr, Sa. 10-17 Uhr geöffnet!
- Auskunft Mo.-Fr. 9-17 Uhr

www.bsb-muenchen.de

Bibliothek der Abteilung Rechtsvergleichung
Veterinärstr. 5
80539 München
☎ 089/2180-2723

- Fach- und Präsenzbibliothek für ausländisches Recht, insbesondere des anglo-amerikanischen und romanischen Rechtskreises.
- Mo.-Fr. 9-18 Uhr

www.jura.uni-muenchen.de/einrichtungen/

Bibliothek der Fachhochschule München
Lothstr. 13 d
80335 München
☎ 089/1265-1325

- Zentralbibliothek (Technik, Naturwissenschaften, Design und Sprachwissenschaften); Teilbibliothek Karlstr. 6, 80333 München (Architektur, Bauingenieur- und Vermessungswesen), 089/1265-2675; Teilbibliothek Pasing (Wirtschafts- und Sozialwissenschaften), Am Stadtpark 20, 81243 München, 089/1265-2361.
- ! Leser, die nicht Studierende der Fachhochschule München sind, erhalten den Benutzerausweis gegen Vorlage ihres Personalausweises bzw. ihres Reisepasses mit Meldebestätigung.
- Mo., Di., Do., 9-18 Uhr, Karlstr. 9-17 Uhr, Mi. 9-16 Uhr, Fr. 9-15 Uhr im Semester, veränderte Ferientermine!

www.fh-muenchen.de/home/ze/bib/

Bibliothek der Technischen Universität
Arcisstr. 21
80333 München
☎ 089/289-23333

- Schwerpunkt-Sammelgebiete: Technik und Naturwissenschaften mit über 750000 Bänden, 3500 laufenden Zeitschriften, 450000 Berichten, offizielle DIN-Auslegestelle. In mehreren großen Lesesälen 30000 Bände zugänglich.
- ! Ausleihe nur für Studierende!
- Information Mo.-Do. 9-18 Uhr, Fr. 9-14 Uhr

www.biblio.tu-muenchen.de

Bibliothek im Amerika-Haus
Karolinenplatz 3
80333 München
☎ 089/55253720

- Über 10000 Bücher amerikanischer Autoren, auch in deutscher Übersetzung, Nachschlagewerke, ca. 350 laufende amerikanische Zeitungen und Zeitschriften.
- Mo.-Fr. 13-17 Uhr, Mi. 13-20 Uhr

www.amerikahaus.de

München-Mitte

Bibliothek des Bund Naturschutz in Bayern
Pettenkoferstr. 10 a
80336 München
☎ 089/5156760

🛈 Umwelt-Fachbibliothek mit aktuellem Bestand (mehr als 8000 Medien).
🕘 Mo., Di., Mi., Fr. 8.30-12 Uhr, Do. 13.30-17 Uhr
www.bn-muenchen.de

Bibliothek des Deutschen Alpenvereins
Praterinsel 5
80538 München
☎ 089/2112-2425

🛈 Präsenzbibliothek für Nicht-Mitglieder: über 70000 Medien (Bücher, Zeitschriften, Karten).
🕘 Di. 13-17 Uhr, Do. 13-19 Uhr
www.alpines-museum.de

Bibliothek des Deutschen Museums
Museumsinsel 1
80538 München
☎ 089/2179-224

🛈 Präsenz-Fachbibliothek für Naturwissenschaften und Technik mit mehr als 850000 Bänden. Lesesaal mit Freihandbibliothek: 25000 Bände. Mehr als 1600 laufende Zeitschriften.
🕘 Täglich (auch sonntags!) von 9-17 Uhr (bis auf einige Feiertage)
www.deutsches-museum.de/bib/

Bibliothek des Deutschen Patent- und Markenamtes
Zweibrückenstr. 12
80331 München
☎ 089/2195-3435

🛈 Amts- und öffentliche Bibliothek (Präsenzbibliothek). Über 900000 Bände angewandte Naturwissenschaften, Technik und gewerblicher Rechtsschutz, davon ca. 400000 Patentschriften-Bände. Ca. 1600 laufende Zeitschriften.
🕘 Mo.-Mi. 7.30-17 Uhr, Do. 7.30-18 Uhr, Fr. 7.30-15 Uhr
www.dpma.de

Bibliothek des Europäischen Patentamtes
Erhardtstr. 27
80331 München
☎ 089/2399-4511

🛈 Ca. 35000 Bände und 1000 laufende Zeitschriften - vorwiegend naturwissenschaftlich-technische Literatur.
🕘 Mo-Do. 8-16.45 Uhr, Freitag 8-15.30 Uhr
www.european-patent-office.org

Bibliothek des Französischen Kulturinstituts
Kaulbachstr. 13
80539 München
☎ 089/2866280

🛈 Ca. 25000 Medien klassischer und moderner Autoren, Fachliteratur und Nachschlagewerke, französische Tageszeitungen und Zeitschriften. Leseräume frei zugänglich.
🕘 Mo.-Do. 12-19 Uhr, Fr. 10-14 Uhr
www.kultur-frankreich.de/instituts/

München-Mitte

Bibliothek des Italienischen Kulturinstituts
Hermann-Schmid-Str. 8
80336 München
☎ 089/7463210

🛈 Ca. 12000 Bände italienischer Klassiker und moderner Autoren, auch in deutscher Übersetzung, Nachschlagewerke, Kunstführer, 30 laufende italienische Zeitschriften und Tageszeitungen.
🕘 Mo., Di., Do. 10-13 und 15-17 Uhr, Mi. 10-13 und 15-19 Uhr, Fr. 10-13.30 Uhr
www.iic-muenchen.de

Bibliothek des Spanischen Kulturinstituts
Marstallplatz 7
80539 München
☎ 089/290718-0

🛈 Ca. 18000 Medien spanischer und lateinamerikanischer Klassiker und moderner Autoren, Fachliteratur, Nachschlagewerke, Kunstführer, 30 laufende spanische Zeitschriften, Tageszeitung 'El Pais' sowie spanischsprachige Videos, CDs und Musikkassetten.
🕘 Mo.-Fr. 9-19 Uhr
www.cervantes-muenchen.de

Bibliothek IHK für München und Oberbayern
Max-Joseph-Str. 2
80333 München
☎ 089/5116-219

🛈 Präsenzbibliothek für Wirtschaft und Recht mit ca. 125000 Bänden und 600 laufenden Zeitschriften, 10 Arbeitsplätze.
🕘 Mo.-Mi 9-16.30 Uhr, Do. 9-17.30 Uhr, Fr. 9-14 Uhr (12-13 Uhr eingeschränkte Buchausgabe)
www.ihk-muenchen.de

Bibliothek Wirtschaftswissenschaften Uni München
Ludwigstr. 28
80539 München
☎ 089/2180-6226 /-2601

🛈 Präsenzbibliothek mit mehr als 28000 Bänden und 170 laufenden Zeitschriften (Freihandbestand), 75000 Monographien und 120 Zeitschriften (Magazin). Sammelgebiete: Allgemeine und spezielle Volks- und Betriebswirtschaft sowie Nachbargebiete.
🕘 Mo.-Fr. 8-21 Uhr, Sa. 9-16.45 Uhr
www.ub.uni-muenchen.de/wiwi/

Bibliothek Zentralinstitut für Kunstgeschichte
Meiserstr. 10
80333 München
☎ 089/28927581

🛈 Umfangreiche Freihandbibliothek und Photothek.
! Ausstellung von Benutzerkarten Mo.-Fr. 10-12 Uhr
🕘 Mo.-Fr. 10-20 Uhr
www.zikg.lrz-muenchen.de

München-Mitte

Deutsches Bucharchiv
Salvatorplatz 1
80333 München
☎ 089/291951-90/91

- Nahezu vollständige Sammlung der deutschsprachigen Buch-Sekundärliteratur mit derzeit 31500 Büchern, 175 Zeitschriften und über 5000 Einheiten Graue Literatur.
- ! Präsenzbibliothek!
- Mo.-Do. 10-18 und Fr. 10-15 Uhr (teilweise eingeschränkte Zeiten)

www.bucharchiv.de

Juristische Bibliothek im Rathaus
Rathaus, Raum 367
Marienplatz 8
80331 München
☎ 089/233-92709

- Öffentliche Präsenzbibliothek mit Schwerpunkt auf Ausbildung und Beruf.
- ! Sehr schöner Lesesaal in der Architektur der Jahrhundertwende!
- Mo.-Fr. 8-15.30 Uhr

Medizinische Lesehalle der Universität
Beethovenplatz 1
80336 München
☎ 089/5160-2472

- Lesesaal mit ca. 500000 Bänden und mehr als 600 Zeitschriften.
- ! Ausleihe nur für Studierende!
- Ausleihamt Mo.-Fr. 9-15.30 Uhr

Universitätsbibliothek
Geschwister-Scholl-Platz 2
80539 München
☎ 089/2180-2429

- Universalbibliothek für alle Wissensgebiete, vor allem Geistes- und Sozialwissenschaften, Medizin mit mehr als 2 Mio. Bänden.
- ! Ausleihe nur für Studierende oder mit Ausweis der Bayerischen Staatsbibliothek!
- Ausleihe: Mo.-Do. 9-19 Uhr, Fr. 9-17 Uhr, vorlesungsfreie Zeit Mo.-Fr. 9-17, Do. 9-19 Uhr

www.ub.uni-muenchen.de

Studentenbibliothek des Studentenwerks München
Leopoldstr. 13
80802 München
☎ 089/393053

- Ca. 200000 Bände Bildungs- und Studienliteratur für die Studierenden der Münchner Hochschulen.
- ! Ausleihe nur für Studierende der Münchner Hochschulen! Als Präsenzbibliothek für alle offen!
- Je nach Teilbereich unterschiedlich: Abteilung Uni, TU, Lesesaal Freimann, Olympiadorf

www.studentenwerk.mhn.de/bibliothek

München-West

Bibliothek des Instituts für Zeitgeschichte
Leonrodstr. 46 b
80636 München
☎ 089/126880

🛈 Präsenzbibliothek zur deutschen Geschichte im 20. Jahrhundert, insb. Nationalsozialismus und Drittes Reich.

🕘 Auskunft Mo.-Do. 8.30-12.30 Uhr, 13.30-16.30 Uhr, Fr. 8.30-11.45 Uhr

www.ifz-muenchen.de/bibliothek

Internationale Jugendbibliothek
Schloß Blutenburg
81247 München
☎ 089/8912110

🛈 Weltweit größte Sammlung von mehr als 500000 Kinder- und Jugendbüchern in mehr als 110 Sprachen.

🕘 Ausleihe für Kinder und Jugendliche kostenlos: Mo.-Fr. 14-18 Uhr

---

München-Ost

Bibliothek des Osteuropa-Instituts
Scheinerstr. 11
81679 München
☎ 089/99839-612

🛈 Präsenzbibliothek mit Arbeits- und Leseraum. Mehr als 150000 Bände (Literatur und Zeitschriften) über alle Gebiete des osteuropäischen Raumes.

🕘 Mo.-Fr. 8-17 Uhr, Di. 8-19 Uhr, Do. 8-20 Uhr

München-Region

Bibliothek der Fachhochschule Weihenstephan
Am Hofgarten 2
85354 Freising
☎ 08161/71-3377

🛈 Literatur zu Biotechnologie, Forstwirtschaft, Gartenbau, Land- und Ernährungswirtschaft, Landschaftsarchitektur, Landwirtschaft, Umweltsicherung sowie zu Natur- und Wirtschaftswissenschaften. Über 94000 Bände, davon ca. 19000 in der Teilbibliothek in Triesdorf; ca. 1380 laufende Zeitschriften, davon ca. 380 in Triesdorf.

🕘 Mo.-Mi. 9-19 Uhr, Do. 9-20 Uhr, Fr. 9-16 Uhr, Sa. 9-13 Uhr (im Semester)

www.fh-weihenstephan.de/bibliothek

Bibliothek der Universität der Bundeswehr München
Werner-Heisenberg-Weg 39
85577 Neubiberg
☎ 089/6004-3310 o. -3311

🛈 Präsenz- und Ausleihbibliothek mit über 850000 Bänden und 2900 laufenden Zeitschriften zu relevanten technisch-naturwissenschaftlichen Sachgebieten sowie Pädagogik, Sozial-, Organisations- und Wirtschaftswissenschaften.

🕘 Lesesäle Mo., Di., Do. 8-20 Uhr, Mi., Fr. 8-18 Uhr

www.unibw-muenchen.de/campus/UniBib

4.2 Bibliotheken zum Nulltarif

München-Region

Dombibliothek Freising
Domberg 40
85354 Freising
☎ 08161/48400

🛈 Öffentlich zugängliche Bibliothek mit den Sammelgebieten Kirchen- und Theologiegeschichte, Bavarica, Kunstgeschichte, Kirchenmusik. 250000 Bände, 112 laufende Zeitschriften, 335 Handschriften, 3215 Musikhandschriften, 218 Inkunabeln.

🕘 Mo.-Fr. 9-12 Uhr, 13-17 Uhr

Teilbibliothek Weihenstephan
Technische Universität München
Am Forum
85350 Freising
☎ 08161/71-3240

🛈 Ca. 200000 Bände und 734 laufende Zeitschriften aus den Gebieten Brauwesen, Landbauwissenschaft, Landespflege, Lebensmitteltechnologie, Milchwissenschaft, Ökotrophologie, Umweltwissenschaft, Landschaftsökologie. Grundlagenliteratur zu Biologie, Chemie, Physik, Wirtschaft.

🕘 Mo.-Do. 8.30-16 Uhr, Fr. 8.30-14.30 Uhr (Magazinausleihe)

www.ub.tum.de/bib

4.3 Fernsehproduktionen zum Nulltarif

München-Region

Bayerischer Rundfunk - Fernsehen
Rivastr. 1
85774 Unterföhring
☎ 089/59002410

🛈 Kostenloser Eintritt für bestimmte Aufzeichnungen von BR-Produktionen nach vorheriger telefonischer Kartenbestellung. Nähere Informationen und Reservierungen unter 089/7213041 (bite studioservice) oder www.bitetvstudioservice.de.

DSF
Bahnhofstr. 27
85774 Unterföhring
☎ 089/950020

🛈 Kostenloser Eintritt zu ausgewählten Produktionen des Deutschen SportFernsehens. Nähere Informationen und Reservierungen unter 089/7213041 (bite studioservice oder www.bitetvstudioservice.de.

Pro 7 Sat1
Medienallee 7
85774 Unterföhring
☎ 089/9507-10

🛈 Kostenloser Eintritt zu bestimmten Aufzeichnungen von Pro 7- und Sat1-Sendungen. Reservierung und Informationen unter 089/7213041 (bite studioservice) oder bitetvstudioservice.de. Für Quizfire: 089/1498806.

ZDF
ZDF-Str. 1
85774 Unterföhring
☎ 089/99550

🛈 Kostenloser Eintritt zu einigen ZDF-Produktionen (Unterhaltungssendungen). Nähere Informationen und Reservierungen unter 089/7213041 (bite studioservice oder www.bitetv-studioservice.de)

München-Mitte

Ferienpass des Stadtjugendamtes
Marienplatz
(Stadtinformation)
80331 München
☎ 089/233-34366

🛈 Der Ferienpass für Kinder und Jugendliche kostet € 12,- und gilt jeweils von den Weihnachtsferien bis zum Ende der Sommerferien. Damit können verschiedene Freizeit-Attraktionen in München besucht werden - viele kostenlos, einige ermäßigt. Kinder bis einschließlich 14 Jahre können zusätzlich in den Sommerferien den MVV im gesamten Tarifgebiet nutzen. Jugendliche ab 15 Jahre zahlen € 8,-, jedoch ohne kostenlose MVV-Nutzung!

! Erwachsenen-Begleiterpass zu € 5,- (ohne MVV- und Bademarke).

🕘 Mo.-Fr. 10-20 Uhr, Sa. 10-16 Uhr

www.muenchen.de/ferienangebote

Offene Schulhöfe
Hauptschule Wittelsbacherstr. 10
80469 München
☎ 089/2335913

🛈 Von Mai bis Ende Oktober offen für Sport und Spiel für Jugendliche bis 15 Jahre.

🕘 10-18 Uhr

Sommerspielaktion
München
Diverse Orte

Augustenstr. 47 Rgb.
80333 München
☎ 089/52300695

🛈 Die Pädagogische Aktion/'Spielen in der Stadt' veranstaltet von Mai bis September unterschiedliche Projekte in ganz München (Spielbusse). Traditioneller Saisonbeginn Anfang Mai beim mehrtägigen großen Eröffnungsspielfest.

! Spielbusse seit 2003 auch in der kalten Jahreszeit unterwegs (Winterolympiade mit viel Bewegung und spielerischen Disziplinen).

www.sis.muc.kobis.de

Spielnachmittage Fußgängerzone
zwischen Jagdmuseum und Karlsplatz
☎ 089/233-28715

🛈 Von Mai bis Oktober jeden So. kostenloser Zutritt (u.a. Hüpfburg, Riesenerdbälle, Pedalos).

🕘 14-17.30 Uhr

www.sport-muenchen.de/freizeitsport

Theaterjugendring
Paul-Heyse-Str. 22
80336 München
☎ 089/514106-35

🛈 Verbilligtes Theaterabonnement (ca. 10 Aufführungen) für Gruppen von Jugendlichen und jungen Erwachsenen (bis 27 Jahre) aus Jugendorganisationen, Verbänden und Schulen aller Art. Es ist für viele Münchner Theater, Opernhäuser und Konzertveranstalter zu günstigen Preisen erhältlich.

! Das Abonnement beginnt mit dem Schul- und Theaterjahr (September bis Juli)!

www.kjr-muenchen-stadt.de

München-Nord

boomerang Jugendcafé
Pelkovenstr. 128
80992 München
☎ 089/1491613

! Für 14-21-jährige Mädchen und Jungen (u.a. Online-Café, Billard, Spiele, Musik).
Mi., Do. 15-21 Uhr, Fr., Sa. 17-22 Uhr
www.jugendcafes.de

Jugendcafé Rotor
Belgradstr. 169
80804 München
☎ 089/303225

Für 6-16-jährige Mädchen und Jungen (u.a. Online-Café, Spiele, Kicker).
Mo.-Do. 13.30-19 Uhr
www.jugendcafes.de

Lilalu Festival
Olympiapark-Süd
80809 München

Mehrtägiges Zirkusfestival Ende August/Anfang September auf dem TollWood-Gelände mit offenem Programm ‚Umsonst und draußen', z.B. mit Inline-Skaten, Kletterwand, Kickboard, Hiphop, Graffiti-Kursen, Akrobatik und Jonglieren.
ab 14 Uhr
www.kinderzirkus-lilalu.de

Mini-München International
Eislaufzelt (Action Area)
Olympiapark
80809 München
☎ 089/341676

Kinder zwischen 7 und 15 sind Akteure der Spielstadt Mini-München mit verschiedenen Einrichtungen wie Arbeitsamt, Rathaus, Bank, Theater usw. Das größte Ferienprogramm der Landeshauptstadt findet alle zwei Jahre drei Wochen im August statt. Nächster Termin: 2004.
! Keine Anmeldung nötig!
Di. -Sa. 11-18 Uhr
www.kulturundspielraum.de

MOP Jugendtreff
Fallmerayerstr. 2
80796 München
☎ 089/304073

Für 14-18-jährige Jugendliche mit und ohne körperliche Behinderung (u.a. Billard, Kicker, Online-Café, Spiele).
Mo., Do., Fr. 16-21 Uhr, Di. 14-19 Uhr, Mi. 15-18 Uhr
www.jugendcafes.de

Obletter Kindertag
Coubertinplatz
80809 München
☎ 089/55089510

Jährlich an einem So. im Sommer stattfindendes großes Spielfest im Olympiapark.
! Details unter der Telefonnummer!
10-17 Uhr

München-Nord

Offene Schulhöfe
Schule an der Amalienstr. 36
80799 München
☎ 089/2335913

An Schultagen von Mai bis Ende Oktober offen für Sport und Spiel für Jugendliche bis 15 Jahre. Ferner im Norden: Rothwiesenstr. 18 (Mo.-Fr. 13-17 Uhr), Leipziger Str. 7 (Mo.-Do. bis 18 Uhr, Fr. bis 16 Uhr, außer bei Sportunterricht und Schlechtwetter), Franz-Nißl-Str. 55 (17.30-20 Uhr an Schultagen Mo.-Do.), Schwind-/Zentnerstr. 2 (Mo.-Fr. 17-20 Uhr), Farinellistr. 7 (Mo.-Fr. bis 18 Uhr), Simmernstr. 2 (Mo.-Fr. bis 18 Uhr).

Mo.-Do. 16-20 Uhr

Spielenachmittage im Luitpoldpark
Nähe Kinderspielplatz
80804 München
☎ 089/233-28715

Zwischen Mai und Oktober kostenlose Spiele für Jung und Alt.

14-17.30 Uhr

www.sport-muenchen.de/freizeitsport

München-West

Festival der Jugendverbände
Westpark
81373 München
☎ 089/51410630

Jährlich Anfang Juli stattfindendes großes eintägiges Festival (Spiele, Straßentheater, Folklore und Mitmachtänze, Vorführungen sowie Informationen über die Münchner Jugendverbände).

! Den genauen Ort und Zeitpunkt telefonisch erfragen!

Münchner Kinder- und Jugendfarm
Wiesentfelser Str. 59
81249 München
☎ 089/8711287

Bauernhof-Erlebnis für Stadtkinder unter pädagogischer Anleitung.

! Zweite Einrichtung im Aufbau: Görzer Str. 95, 81549 München!

Di.-Fr. 12.30-17 Uhr (Winter), 13.30-18 Uhr (Sommer), Sa. von 10-17/18Uhr

www.jugendfarm.org

Offene Schulhöfe
Schule Alfonsstr. 8
80636 München
☎ 089/2335913

Von Mai bis Ende Oktober offen für Sport und Spiel für Jugendliche bis 15 Jahre.
Ferner: Schererplatz 3 (Mo.-Do. 14-19 Uhr, Fr. 14-17 Uhr), Gotzmannstr. 19 (Mo.-Do. 16-19 Uhr).

Wochenenden, Feiertage, Ferientage 10-18 Uhr

München-West

Pasinger Fabrik Kinder- u. Jugend-Kulturwerkstatt
August-Exter-Str. 1
81245 München
☎ 089/8888806

Verschiedene kostenlose Angebote, z.B. Wohn-Werkstatt und Kindercafé (für Kinder ab 6 Jahren). Die Pasinger Fabrik ist als städtisches Kultur- und Bürgerzentrum für alle Altersgruppen attraktiv.

Mi.-Sa. 14.30-18 Uhr

www.pasinger-fabrik.com

Sommer-Eröffnungsfest im Hirschgarten
Königbauerstr.
80639 München
☎ 089/183335

Die für den Sommer geplanten Attraktionen verschiedener Vereine für Kinder-Freizeitgestaltung werden alljährlich im Mai auf diesem großen Spielfest vorgestellt.

München-Süd

Café Treibhaus
Züricherstr. 39
81476 München
☎ 089/74575167

Für 11-18-jährige Mädchen und Jungen (u.a. Online-Café, Spiele, Musik; wechselne Ausstellungen).

Mo. 15-19 Uhr, Di.-Fr. 15-20 Uhr

www.jugendcafes.de

Dschungelpalast
Hansastr. 41
81373 München
☎ 089/7695637

Vielzahl von großteils kostenlosen Programmen für Kinder von 3-12 Jahren und deren Eltern. Z. B. offener Kindertreff mit wöchentlich wechselndem Bastel- und Werkangebot für Kinder ab 6.

für Kindertreff: Di. 15-17 Uhr (ab 6), Mi. 15-17 Uhr (ab 10)

www.feierwerk.de

Offene Schulhöfe
Grundschule Plinganserstr. 28
81369 München
☎ 089/2335913

An Schultagen von Mai bis Ende Oktober offen für Jugendliche bis 15 Jahre. Gilt auch für Schule an der Ichostr. 2.

! Während des ganzen Jahres ist der Schulhof an der Fromundstr. täglich bis 20 Uhr geöffnet! Ferner im Süden: St.-Martin-Str. 30 (Mo.-Do. 17-20 Uhr) und Gotzingerplatz (Mo.-Do. 17-19 Uhr)

Mo.-Fr. 12-18 Uhr

München-Süd

Spielnachmittage im Westpark
Große Drachenwiese
81373 München
☎ 089/233-28715

- Kostenlos werden von Mai bis Oktober verschiedene Spielgeräte auf der Wiese zwischen Bayerwaldhaus und Seebühne - auch für Erwachsene - zur Verfügung gestellt.
- So. 14-17.30 Uhr.
- ww.sport-muenchen.de/freizeitsport

München-Ost

Junior-Programm der Münchner Stadtbibliothek
Rosenheimer Str. 5
81667 München
☎ 089/48098-313

- Verschiedene kostenlose Veranstaltungen für Kinder ab 4 Jahren in der Zentralbibliothek am Gasteig sowie in den einzelnen Stadtteilbibliotheken.
- ! Nähere Informationen zu Ort und Zeit sowie Inhalt der Veranstaltung bitte dem monatlich erscheinenden Faltblatt entnehmen (in den Bibliotheken erhältlich)!
- Mo. 10-20 Uhr, Di-Fr. 10-19 Uhr (Bibliotheksöffnungszeiten)
- www.muenchen.de/stadtbibliothek

Mädchen-Nightball
in Neuperlach

Gerhart-Hauptmann-Schule
81737 München
☎ 089/6137280

- Jeden zweiten Fr. findet in der Turnhalle Mädchen-Basketball statt.
- 21-23 Uhr

Offene Schulhöfe
Hauptschule an der Wörthstr. 2
81667 München
☎ 089/2335913

- An Schultagen von Mai bis Ende Oktober offen für Sport und Spiel für Jugendliche bis 15 Jahre. Gilt auch: Schule am Pfanzeltplatz 10 (Fr. 15-20 Uhr), Schule am Gerhart-Hauptmann-Ring 15 (Mo.-Do. 14-17.30 Uhr, Fr. 14-16 Uhr), Gebelestr. 2 (Mo.-Do. 17-20 Uhr), Lehrer-Wirth-Str. 31 (Mo.-Fr. 15-19 Uhr, Ferien, Wochenende, Feiertage 10-19 Uhr).
- Mo.-Do. 17-20 Uhr

Spielnachmittage im Ostpark
81735 München
☎ 089/233-28715

- Kostenlos werden von Mai bis Oktober Spielgeräte zwischen Michaelibad und Eisbahn-Ost - auch für Erwachsene - zur Verfügung gestellt.
- So. von 14-17.30 Uhr
- www.sport-muenchen.de/freizeitsport

4.5 Kinos

München-Mitte

Apollo und Artemis
im Amazeum

Museumsinsel 1
80538 München
☎ 089/21125180

🛈 Mo. und Di. ist Kinotag zu € 5,-. Wer mehr als zwei Filme einer monatlichen Filmreihe sieht, zahlt für jeden weiteren Film der betreffenden Reihe nur € 2,-.

! Bei Besuch mehrerer Vorstellungen im Haus (IMAX, Planetarium und Kinos) Ersparnis von € 1,- bei jedem weiteren Ticket (Achtung: alle Tickets zusammen kaufen)!

www.amazeum.de

Atelier

Sonnenstr. 12
80331 München
☎ 089/591918

🛈 Mo. und Di. ist Kinotag zu € 5,-.

Atlantis

Schwanthalerstr. 2
80336 München
☎ 089/555152

🛈 Mo. und Di. ist Kinotag zu € 5,-.

Cinema

Nymphenburgerstr. 31
80335 München
☎ 089/555255

🛈 Cinema Days (Mo., Di., außer Feiertag) zu € 5,-. Happy Hour: jeder Film von Mo.-Fr. bis 17.30 Uhr (außer Fei.) € 4,-. Studenten ab € 6,-. Sonderkonditionen für S-Club!

! Kinotaler-Mitglied!
Hinweis: Der Kinotaler ist ein übergreifendes Bonussystem, der bei jedem Besuch in einem der beteiligten Kinos ausgegeben wird. 10 Taler können gegen einen freien Eintritt eingelöst werden. Mit 5 Talern ermäßigter Preis von € 3,-!

www.cinema-muenchen.com

City-Filmtheater

Sonnenstr. 12
80331 München
☎ 089/591983

🛈 Mo. und Di. ist Kinotag zu € 5,-.

Eldorado

Sonnenstr. 7
80331 München
☎ 089/557174

🛈 Mo. und Di. ist Kinotag zu € 5,-.

Film-Casino

Odeonsplatz 8
80539 München
☎ 089/220818

🛈 Mo. ist Kinotag zu € 5,-.

München-Mitte

Filmmuseum
St.-Jakobs-Platz 1
80331 München
☎ 089/23324150

🛈 Kinotaler-Mitglied!
www.stadtmuseum-online.de/filmmu.htm

Filmtheater am Sendlinger Tor
Sendlinger-Tor-Platz 11
80336 München
☎ 089/554636

🛈 Ermäßigungen (Mo.-Fr.), außer Abendvorstellungen und Fei.: Kinotage am Mo. und Di. - freie Platzwahl € 5,-; Sozialkarte (Arbeitslose, Behinderte, Sozialempfänger) € 3,-, Senioren € 4,-.

! Kinotaler-Mitglied!

www.pressmar-kinos.de

Gloria Palast
Karlsplatz 5
80335 München
☎ 089/593721

🛈 Am Mi. und Do. ist Kinotag zu € 4,60. Mo., Di., sowie Fr.-So. vor 17 Uhr € 6,70.

! Frühstückskino jeden Do. um 6.30 Uhr zu € 5,50!

www.movieclick.de

IMAX
im Amazeum

Museumsinsel 1
80538 München
☎ 089/21125180

🛈 Ermäßigte Kombi-Karten mit Apollo und Artemis. Sehenswerte dokumentarisch-unterhaltende Filme!

www.amazeum.de

Karlstor Kino
Neuhauserstr. 34
80331 München
☎ 089/5490560

🛈 Am Mi. und Do. ist Kinotag zu € 4,60. Mo., Di. sowie Fr.-So. vor 17 Uhr € 6,70.

! Sneak Preview jeden Di. um 22.30 Uhr zu € 4,60!

www.movieclick.de

MaxX
Isartorplatz 7
80331 München
☎ 01805/24636299
(Kartenreservierung zzgl. € 0,50 pro Karte)

🛈 Di. ist Kinotag zu € 4,50, Mo., Mi., Do. vor 17 Uhr € 6,-, Fr.-So. und Feiertage bis 17 Uhr € 7,-. Ermäßigung für Reihe 1 + 2 in Kino 2,3,4,5: € 1,-.

! CinemaxX Card für 1 Jahr zu € 9,90 ermöglicht fast immer Nachlass von € 1,- pro Karteninhaber. Ferner: CinemaxX Bonus Card gratis - diese wird bei jedem Kartenkauf abgestempelt: für 6 Stempel ist der 7. Besuch gratis. Ermäßigungen für Sparkassen Club!

www.cinemaxx.com

München-Mitte

Neues Arena
Hans-Sachs-Str. 7
80469 München
☎ 089/2603265

- ℹ Kinotag am Mo. und Di zu € 5,-.
- ! Kinotaler-Bonus!

Neues Gabriel
Dachauerstr. 16
80335 München
☎ 089/594574

- ℹ Mo. und Di. ist Kinotag zu € 4,50.
- ! Kinotaler-Bonus!

Neues Rottmann
Rottmannstr. 15
80333 München
☎ 089/521683

- ℹ Mo. ist Kinotag zu € 5,-.
- ! Kinotaler-Bonus!

Planetarium
im Amazeum

Museumsinsel 1
80538 München
☎ 089/21125180

- ℹ Multimedia-Theater mit 20-Meter-Kuppel (Astronomievorführungen, Lasershows, Kinderplanetarium): Kombi-Ticket Planetarium/Deutsches Museum zu € 11,50 (ermäßigt € 9,-).

www.amazeum.de

Royal Filmpalast
Goetheplatz 2
80337 München
☎ 089/533956

- ℹ Mo. und Di. ist Kinotag (außer an Fei.): € 5,-. Happy Hour am Mi. und Do. mit Ermäßigung auf allen Plätzen bis inkl. 18.30 Uhr (außer an Fei.). Sonderkonditionen für S-Club!

www.royal-muenchen.de

Theatiner Film
Theatinerstr. 32
80333 München
☎ 089/223183

- ℹ Mo. und Di. ist Kinotag zu € 5,-.
- ! Kinotaler-Bonus!

Tivoli
Neuhauser Str. 3
80331 München
☎ 089/264326

- ℹ Ermäßigungen (Mo.-Fr.), außer Abendvorstellungen und Fei.: Kinotag (Mo., Di.) freie Platzwahl € 5,-, Sozialkarten € 3,-, Seniorenkarten € 4,-.
- ! Kinotaler-Bonus!

www.pressmar-kinos.de

München-Mitte

TU-Kino
Carl-von-Linde-Hörsaal
Arcisstr. 21, 1. Stock
80333 München

- ℹ Beginn 19.30 Uhr, Karten zu € 3,-, Double Feature € 5,- an der Abendkasse (Technische Universität Hörsaal 1200).
- ! Die Zuschauer bleiben nicht passiv - sie spielen mit. Prädikat: kultig!
- ◷ Kartenverkauf 18.30-19.30 Uhr

www.tu-film.vo.tu-muenchen.de

Werkstattkino
Fraunhoferstr. 9
80469 München
☎ 089/2607250

- ℹ Täglich Kinotag zu € 4,50.
- ! Kinotaler-Bonus!

München-Nord

ABC
Herzogstr. 1
80803 München
☎ 089/332300

- ℹ Mo. ist Kinotag zu € 4,50, Di. zu € 3,-.
- ! Sparkassen-Club Karte akzeptiert!

Aircraft Cinema
Feilitzschstr. 7
80802 München
☎ 089/38998389

- ℹ Mo. und Di. ist Kinotag zu € 5,-.
- ! Kinotaler-Bonus! Sparkassen-Club Karte wird zu bestimmten Zeiten akzeptiert!

www.aircraft-cinema.de

Arri-Kino
Türkenstr. 91
80799 München
☎ 089/38899664

- ℹ Mo. und Di. Kinotag zu € 5,- bzw. € 4,-.
- ! Kinotaler-Bonus!

Kino in der Mensa
Olympiazentrum
Helene-Mayer-Ring 9
80809 München
☎ 089/3543476

- ℹ Während des Semesters jeden Do. Filmvorführung. Eintritt € 3,-, freier Eintritt beim 5. Besuch (Angebot gilt nicht nur für Studenten!).
- ! Programm liegt in der Bierstube und in der Disco aus! Infos auch im Internet!

www.olydorf.mhn.de

4.5 Kinos

München-Nord

Kinos Münchner Freiheit
Leopoldstr. 82
80802 München
☎ 089/3838900

🛈 Di. ist Half-price-day zu € 4,-; Mo. zu € 5,-.
! Sparkassen-Club Karte wird akzeptiert!

Leopold 1-3
Leopoldstr. 78
80802 München
☎ 089/331050

🛈 Mo. und Di. ist Kinotag zu € 5,- bzw. € 4,-.

Lupe 2
Ungererstr. 19
80802 München
☎ 089/347651

🛈 Kinotaler-Bonus.
! Sparkassen-Club Karte wird zu bestimmten Zeiten akzeptiert!

Marmorhaus
Leopoldstr. 35
80802 München
☎ 089/344046

🛈 Am Mo. und Di. ist Kinotag zu € 4,50.
! Sparkassen-Club Karte wird zu bestimmten Zeiten akzeptiert! Am Geburtstag freier Eintritt für jeden!
www.kinoreiss.de

Studio Isabella
Neureutherstr. 29
80799 München
☎ 089/2718844

🛈 Mo. ist Kinotag zu € 4,50.

München-West

Maxim
Landshuter Allee 33
80637 München
☎ 089/168721

🛈 Täglich Kinotag: Eintritt € 5,- bzw. € 4,50 (für Schüler, Studenten, Rentner, Schwerbehinderte, Arbeitslose).
www.maxim-kino.de

Neues Rex
Agricolastr. 16
80687 München
☎ 089/562500

🛈 Kinotag am Mo. zu € 5,-.
! Kinotaler-Bonus!

München-Süd

Cincinnati
Cincinnatistr. 31
81549 München
☎ 089/6902241

🛈 Mo. ist Kinotag zu € 5,-.
! Kinotaler-Bonus!

Kino Solln
Sollner Str. 43 a
81479 München
☎ 089/7499210

🛈 Mo., Di. ist Kinotag zu € 5,- bzw. € 5,50 (Überlänge).

München-Ost

Cadillac + Veranda
Rosenkavalierplatz 12
81925 München
☎ 089/919999

🛈 Am Mi. und Do. ist Kinotag zu € 4,60 (Ausnahmen möglich). Fr.-So. vor 17 Uhr € 6,70.
! Kinotaler-Bonus!
www.movieclick.de

Museum-Lichtspiele
Lilienstr. 2
81669 München
☎ 089/482403

🛈 Mo. ist Kinotag zu € 5,- bzw. € 5,50 (je nach Filmlänge)..
! Kinotaler-Bonus! Sparkassen-Club Karte ist zu bestimmten Zeiten gültig!

Rio Palast
Rosenheimer Str. 46
81669 München
☎ 089/486979

🛈 Mo. und Di. ist Kinotag zu € 5,-.
! Kinotaler-Bonus! Sparkassen-Club Karte ist zu bestimmten Zeiten gültig!

München-Mitte

Cuvilliéstheater
Residenzstr. 1
80333 München
☎ 089/2185-1940

🛈 Ermäßigte Karten zu € 6,- für Schüler und Studenten an der Abendkasse.

www.bayerischesstaatsschauspiel.de

Herkules-Saal
Residenzstr. 1
80333 München
☎ 089/29067219

🛈 Restkarten für Studenten an der Abendkasse; der Preis ist von der Veranstaltung abhängig.

Kleine Komödie am Max II
Maximilianstr. 47
80538 München
☎ 089/221859

🛈 Abonnement zum vergünstigten Preis.

! Schüler- und Studentenkarten zu € 9,- an der Abendkasse!

🕘 Kassenzeiten Mo.-Sa. 11-20 Uhr, So. und Fei. 14-18 Uhr

www.kleinekomoediemuenchen.de

Komödie im Bayerischen Hof
Promenadeplatz 6
80333 München
☎ 089/29160530

🛈 Diverse Abonnements mit 25 % Ersparnis pro Spielzeit.

🕘 Kassenzeiten Mo.-Sa. 11-14 und 15-19 Uhr,
So. und Fei. 15-19 Uhr

www.komoedie-muenchen.de

Münchner Kammerspiele
Maximilianstr. 26
80539 München
☎ 089/23337000

🛈 Preislich attraktive Abonnements für eine Spielsaison rechtzeitig bestellen - am besten Voranmeldung per Internet!

! Spezielle Vorzugspreise für Schüler und Studenten (ohne Abo)!

🕘 Theaterkasse: Mo.-Fr. 10-18 Uhr, Sa. 10-13 Uhr

www.muenchner-kammerspiele.de

Münchner Volkstheater
Brienner Str. 50
80333 München
☎ 089/5234655

🛈 Schüler- und Studentenkarten zu € 6,- an der Abendkasse!

🕘 Tageskasse Mo.-Fr. 11-18 Uhr, Sa. 11-14 Uhr

www.muenchner-volkstheater.de

München-Mitte

Nationaltheater
Maximilianstr. 11
80539 München
☎ 089/2185-1920

- Programm 'Junges Publikum': Für ausgewählte Vorstellungen können Schüler, Studenten, Wehr- und Zivildienstleistende gegen Vorlage eines Ausweises und Personalausweises Sitzplatzkarten zum Einheitspreis von € 8,- erwerben.
- ! Obige Personengruppen können Stehplatzkarten für alle Vorstellungen zu 50 % erwerben (ab dem 1. Werktag nach Beginn des Schalter- und Onlineverkaufs)! Ferner: Studentenrestkarten zu € 8,- an der Abendkasse (es gibt auch einen Studentenkarten-Newsletter)!
- Tageskasse Mo.-Fr. 10-18 Uhr, Sa. 10-14 Uhr

www.bayerische.staatsoper.de

Residenztheater
Max-Joseph-Platz 1
80539 München
☎ 089/296836

- Ermäßigte Karten zu € 6,- für Schüler und Studenten an der Abendkasse.
- Tageskasse Mo.-Fr. 10-18 Uhr, Sa. 10-14 Uhr

www.bayerischesstaatsschauspiel.de

Staatstheater am Gärtnerplatz
Gärtnerplatz
80469 München
☎ 089/2016767

- Rest-Studenten- bzw. -Schülerkarten an der Abendkasse zu € 7,-.
- Tageskasse Mo.-Fr. 10-18 Uhr, Sa. 10-14 Uhr

www.staatstheater-am-gaertnerplatz.de

Teamtheater Tankstelle
Am Einlaß 2 a
80469 München
☎ 089/2604333

- Theatertag: immer donnerstags ermäßigter Preis zu € 8,50,- auf allen Plätzen (nicht bei Gastproduktionen).
- ! Spezielle Schüler- und Studentenpreise zu € 8,50!
- Abendkasse 18-20 Uhr

www.teamtheater.de

München-Nord

Schauburg am Elisabethplatz
Franz-Joseph-Str. 47
80801 München
☎ 089/233-37171

- Ermäßigte Familienkarten zu € 12,- (1 Erwachsener + 1 Kind) und € 19,- (2 Erwachsene + 1 Kind), jedes weitere Kind € 3,-.
- Theaterkasse Di.-Fr. 14-18 Uhr, Sa. 12-17.30 Uhr

www.schauburg.net

München-Ost

Prinzregenten-Theater
Prinzregentenplatz 12
81675 München
☎ 089/2185-2899

- Ermäßigte Restkarten für Studenten an der Abendkasse.

www.prinzregententheater.de

München-Region

Musical Ludwig II Theater
Im See 1
87629 Füssen
☎ 08362/939030

- In der Winterspielzeit (1.11.-31.3.) am Fr., Sa. und So. reduzierte Eintrittspreise. Ticket-Hotline: 01805/583944.
- Ganzjährige Spielzeit Di-So. 19.30 Uhr, Sa./So. zusätzlich 14.30 Uhr.

www.ludwigmusical.com

München-Mitte

Alte Pinakothek
Barer Str. 27
80333 München
☎ 089/23805-216

- So. freier Eintritt in die ständige Sammlung: Europäische Malerei des 14. bis 18. Jahrhunderts.
- Täglich außer Mo. 10-17 Uhr, Di. und Do. 10-20 Uhr
- www.stmwfk.bayern.de/kunst/museen/pinalt.html

Antiken-sammlungen
Königsplatz 1
80333 München
☎ 089/598359

- So. freier Eintritt: Griechische Vasen, antike Kleinplastik, Goldschmuck, Glas, Kunst der Etrusker.
- Wiedereröffnung im Frühjahr 2003!
- www.museen-in-bayern.de

Archäologische Staatssammlung
Lerchenfeldstr. 2
80538 München
☎ 089/2112402

- So. freier Eintritt: Bayerische Früh- und Vorgeschichte bis zur Zeit Karls des Großen.
- Di.-So. 9-16.30 Uhr
- www.archaeologie-bayern.de

Bayerisches Nationalmuseum
Prinzregentenstr. 3
80538 München
☎ 089/2112401

- So. freier Eintritt: Kunst und Kunsthandwerk aus neun Jahrhunderten unter besonderer Berücksichtigung Bayerns.
- Di.-So. 10-17 Uhr, Do. 10-20 Uhr
- www.bayerisches-nationalmuseum.de

Deutsches Museum
Museumsinsel 1
80538 München
☎ 089/21791

- Kein kostenloser Eintritt, jedoch in der letzten Stunde vor Torschluss Zugang frei. Kombikarte (10er-Block) gemeinsam mit dem Tierpark Hellabrunn.
- ! Flugwerft Schleißheim mit gleichen Preisen und Öffnungszeiten (Effnerstr. 18, 85764 Oberschleißheim, 089/315714-0)
- Täglich 9-17 Uhr, Mi. 9-20 Uhr
- www.deutsches-museum.de

4.7 Museen zum Nulltarif

München-Mitte

Geologisches Museum
Luisenstr. 37
80333 München
☎ 089/2180-6513

- Freier Eintritt. Sammlungsgebiet: Allgemeine Geologie, Geologie des Münchner Raumes sowie von ehemals Deutsch-Südwest- und -Ostafrika zur Sedimentpetrografie und Erzlagerstättenforschung.
- ! Dauerausstellung 'Erdkruste im Wandel' (Erdgeschoß) und ‚Bodenschätze der Erde' (1. Stock)!
- Mo.-Fr. 8-18 Uhr
- www.museem-in-bayern.de

Glyptothek
Königsplatz 3
80333 München
☎ 089/286100

- So. freier Eintritt: Griechische und römische Skulpturen.
- Mi.-So. 10-17 Uhr, Di. und Do. 10-20 Uhr
- www.museen-in-bayern.de

Jüdisches Museum
Reichenbachstr. 27 Rgb.
80469 München
☎ 089/20009693

- Freier Eintritt. Sammlungsgebiet: Zeugnisse jüdischer Kultur, Tradition und Geschichte.
- Di. 14-18 Uhr, Mi. 10-12 und 14-18 Uhr, Do. 14-20 Uhr
- www.juedisches-museum.muenchen.de

Kunsthalle der Hypo-Kulturstiftung
Theatinerstr. 15
80335 München
☎ 089/224412

- Kein Nulltarif, jedoch halber Eintrittspreis am Mo. (der nicht Feiertag ist): Erwachsene € 3,50, Kinder € 2,-.
- ! Weitere Ermäßigung: Couponkarten (Coupons sind frei übertragbar)!
- Täglich 10-20 Uhr
- www.hypo-kunsthalle.de

Münchner Feuerwehrmuseum
An der Hauptfeuerwache 8
80331 München
☎ 089/23533186 (Auskünfte)

- Freier Eintritt. Sammlungsgebiet: Entwicklung des Feuerwehrwesens in München von den Anfängen bis heute.
- Sa. 9-16 Uhr und nach Vereinbarung
- www.museen-in-bayern.de

München-Mitte

Münchner Stadtmuseum
St.-Jakobs-Platz 1
80331 München
☎ 089/233-22370

- So. freier Eintritt (außer Sonderausstellungen und Kino): Morisken-Saal, Modemuseum, Stadtbild München, Wohnkultur, Photomuseum, Puppentheatermuseum, Musikinstrumentenmuseum.
- Di-So. 10-18 Uhr
- www.stadtmuseum-online.de

Museum für Abgüsse klassischer Bildwerke
Meiserstr. 10
80333 München
☎ 089/28927690

- Freier Eintritt. Sammlungsgebiet: Archäologische Lehr- und Studiensammlung, Abformung von Skulpturen der griechisch-römischen Antike aus europäischen und außereuropäischen Museen.
- Mo.-Fr. 10-17 Uhr
- www.abgussmuseum.de

Museum »Vermessen in Bayern - von der Messlatte zur Antenne«
Alexandrastr. 4
80538 München
☎ 089/21291731

- Freier Eintritt: Geschichte des Bayerischen Landesvermessungsamtes, insbes. Messgeräte und Zubehör von 1801 bis heute.
- Do. (außer Feiertage) 13-15 Uhr
- www.museen-in-bayern.de

Neue Pinakothek
Barer Str. 29
80333 München
☎ 089/23805-195

- So. freier Eintritt in die ständige Sammlung: Europäische Malerei und Skulptur des 19. Jahrhunderts.
- Täglich außer Di. 10-17 Uhr, Mi. und Do. 10-20 Uhr
- www.neue-pinakothek.org

Paläontologisches Museum
Richard-Wagner-Str. 10
80333 München
☎ 089/5203-361

- Freier Eintritt. Sammlungsgebiet: Tier- und Pflanzenfossilien aus allen Erdzeitaltern mit Schwerpunkt süddeutscher Raum, Skelette von Sauriern und Säugetieren der Vorzeit, Fossilgeschichte des Menschen, Münchens Erdgeschichte.
- ! Tonbild-Schau jeweils am So.!
- Mo.-Do. 8-16 Uhr, Fr. 8-14 Uhr,
  jeder 1. So. im Monat 10-16 Uhr
- www.palaeo.de

4.7 Museen zum Nulltarif

München-Mitte

Pinakothek der Moderne
Barer Str. 40
80333 München
☎ 089/23805-360

🛈 So. freier Eintritt in die ständigen Sammlungen: zeitgenössische Malerei, Skulptur, Graphik, Design und Architektur.

◷ Täglich außer Mo. 10-17 Uhr, Do. und Fr. bis 20 Uhr

www.pinakothek-der-moderne.de

Schack-Galerie
Prinzregentenstr. 9
80538 München
☎ 089/23805224

🛈 So. freier Eintritt: Bedeutende Werke der deutschen Malerei des 19. Jahrhunderts.

◷ Mi.-Mo. 10-17 Uhr

www.museen-in-bayern.de

SiemensForum
Oskar-von-Miller-Ring 20
80333 München
☎ 089/63632660

🛈 Freier Eintritt: Meilensteine und Visionen der Siemens-Entwicklung in den Bereichen Mikroelektronik, Kommunikations- und Informationstechnik, Energieerzeugung und -verteilung, Automation, Industrie- und Anlagenbau, Verkehrstechnik und Elektromedizin. Wechselnde, umfangreiche Sonderausstellungen, Archiv.

! Führung So. 11 Uhr und am ersten Di. um 19 Uhr

◷ So.-Fr. 9-17 Uhr, jeder erste Di. im Monat bis 21 Uhr, Sa., Fei. geschlossen

www.w4.siemens.de/siemensforum/

Staatliche Münzsammlung
Residenzstr. 1
80333 München
☎ 089/227221

🛈 So. freier Eintritt in eine der größten Sammlungen in Deutschland und Europa.

◷ Di.-So. 10-17 Uhr, Do. zusätzlich bis 19 Uhr

www.museen-in-bayern.de

Staatliches Museum Ägyptischer Kunst
Hofgartenstr. 1
80333 München
☎ 089/28927630

🛈 So. freier Eintritt in die Dauerausstellung: Ägyptische Kunst von der Vorgeschichte bis in die frühchristliche Zeit, nubische Kulturen.

◷ Di.-Fr. 9-17 Uhr, Sa., So. 10-17 Uhr, Di. auch 19-21 Uhr

www.aegyptisches-museum-muenchen.de

München-Mitte

Staatliches Museum für Völkerkunde
Maximilianstr. 42
80538 München
☎ 089/2101-36100

So. freier Eintritt in die Dauerausstellungen: Kunst- und Kulturgut außereuropäischer Länder - Ostasien, Südamerika, Afrika.

Di.-So. 9.30-17.15 Uhr

www.voelkerkundemuseum-muenchen.de

München-Nord

Kunstraum München
Zieblandstr. 8
80799 München
☎ 089/54379900

Präsentation und Dokumentation von Werken zeitgenössischer Kunst.

Mi.-So. 15-18 Uhr

www.kunstraum-muenchen.de

Zähler-Museum
Franzstr. 9
80802 München
☎ 089/23618012

Freier Eintritt. Museum der Stadtwerke München, das die Entwicklung des Elektrizitätszählers vorstellt.

Mi. 9-12 Uhr und nach Vereinbarung

München-West

Museum Mensch und Natur
Schloß Nymphenburg
80638 München
☎ 089/171382

Freier Eintritt an Sonn- und Feiertagen. Sammlungsgebiet: Naturkunde; Sonderausstellungen.

! Wiedereröffnung im Juli 2003!

Täglich außer Mo. 9-17 Uhr

www.musmn.de

Pasinger Fabrik
August-Exter-Str. 1
81245 München
☎ 089/82929079

Laufend Ausstellungen zeitgenössischer Künstler mit dem Schwerpunkt München; in lockerer Folge kulturhistorische Ausstellungen. Der Eintritt zu Kunstausstellungen ist in aller Regel frei.

Di.-So. 10-01 Uhr

www.pasinger-fabrik.com

4.7 Museen zum Nulltarif

München-Ost

Haidhausen Museum
Kirchenstr. 24
81675 München
☎ 089/4485292

🛈 Stadtteil-Museum mit wechselnden Ausstellungen zur Geschichte Haidhausens, freier Eintritt.

🕘 So. 14-18 Uhr

Kartoffel-Museum
Grafinger Str. 2
81671 München
☎ 089/404050

🛈 Im Museum werden Kunst, Kuriositäten und Gebrauchsgegenstände rund um die Kartoffel präsentiert - freier Eintritt.

🕘 Di.-Do. nach Vereinbarung, Fr. 9-18 Uhr, Sa. 11-17 Uhr

www.kartoffelmuseum.de

Künstlerwerkstatt
Lothringer Str. 13
81667 München
☎ 089/4486961

🛈 Jährlich zehn bis elf Ausstellungen zu junger, experimenteller Kunst.

🕘 Täglich 13-19 Uhr

München-Region

König-Otto-von-Griechenland-Museum
Rathausstr. 3
85521 Ottobrunn
☎ 089/60808172

🛈 Freier Eintritt. Spezialmuseum: Bilder und kunstgewerbliche Objekte aus der Zeit des griechischen Freiheitskampfes und der Zeit König Ottos von Griechenland.

🕘 Do. 15-18 Uhr, Sa. 10-13 Uhr

www.museen-in-bayern.de

München-Mitte

Arena de Salsa
mit Hakan
☎ 089/4316466 (Mo.-Fr. 15-18 Uhr)

Sa. in der Tanzschule im Deutschen Theater, Schwanthalerstr. 13, 80331 München, 22-23 Uhr kostenlose Einführung in das Salsa-Tanzen mit Hakan; danach Party, Eintritt € 6,-. Fr. in der Tanzschule City Dance, Neuhauser Str. 15 a, 80331 München, 21-22 Uhr kostenlose Einführung in das Salsa-Tanzen mit Hakan; danach Party; Eintritt € 6,-.

www.hakan.de

Hochschule für Musik
Arcisstr. 12
80333 München
☎ 089/28927442

Während der Semesterzeit finden kostenlose Konzerte im Großen bzw. Kleinen Saal der Musikhochschule statt.

! Prospekte zum Semesterprogramm liegen an der Pforte aus. Aktuelle Informationen sind unter der Telefonnummer und im Internet erhältlich!

www.musikhochschule-muenchen.mhn.de

Kulturfest des DGB zum 1. Mai
Marienplatz
80335 München
☎ 089/5433001

Traditionelle Kulturveranstaltung in der Münchner Innenstadt zum Tag der Arbeit.

www.dgbmuenchen.de

Münchner Brauertag
Viktualienmarkt/
Marienplatz
80331 München
☎ 089/2866040

Großer Gewerbefesttag der Brauereien im Juni, der alle zwei Jahre stattfindet (u.a. Präsentation der historischen Zunftsymbole, Freibier auf dem Viktualienmarkt).

! Nächste Veranstaltung im Juni 2004!

Münchner Hoagart'n
wechselnde Orte
München
☎ 089/233-24379

Freier Eintritt zu einem offenen Sänger- und Musikantentreffen aus München und Umgebung. Die Veranstaltungen finden jeden letzten Fr. im Monat (Ausnahme August, November und Dezember) abwechselnd in vier verschiedenen Gaststätten statt.

! Platzreservierungen sind nicht möglich! Nähere Auskünfte unter der Telefonnummer!

Beginn meist 19 Uhr

München-Mitte

Orgelkonzerte Lukaskirche
Mariannenplatz
80538 München
☎ 089/2126860

- Kostenlose unregelmäßig stattfindende Orgelkonzerte.
- ! Informationen telefonisch einholen!

Orgelkonzerte Markuskirche
Gabelsbergerstr. 6
80333 München
☎ 089/28676910

- In unregelmäßigen Abständen stattfindende Orgelkonzerte.
- ! Nächste Veranstaltung telefonisch erfragen!

SiemensForum
Oskar-von-Miller-Ring 20
80333 München
☎ 089/636-32660

- Kostenlose Vorträge zu gesellschafts- und wirtschaftspolitischen, technischen und naturwissenschaftlichen Themen.
- ! Bitte zu den Veranstaltungen unbedingt vorher anmelden (auch per Fax: 089/636-32616 oder per E-Mail: siemensforum@mchw.siemens.de)! Termine stehen im Internet!
- Vortragsbeginn um 19 Uhr

www.siemensforum.de

Stadtgründungsfest
Marienplatz
80331 München

- Am Wochenende nächst dem Stadtgründungstag (14.6.) findet alljährlich zwischen Marienplatz und Odeonsplatz ein großes internationales Bürgerfest mit verschiedenen Darbietungen statt.
- ! Reichhaltiges Veranstaltungsprogramm bitte der Presse oder dem Internet entnehmen!
- 10-22 Uhr

www.muenchen-tourist.de

Stadtteilwochen München

Jährlich wechselnde Orte
☎ 089/233-22841 und 233-8125

- Stadtteilwochen sind Kulturfeste im Sommer mit Vereinen, Initiativen und Künstlern aus den Stadtvierteln.
- ! Es finden auch Kulturtage an wechselnden Orten statt! Mehr Informationen auch im Internet!

www.kulturjahr.de

München-Mitte

Städtischer Tag der offenen Tür
Diverse Orte
München

- Kostenlose Besichtigung städtischer Einrichtungen und Betriebe. Der Tag der offenen Tür findet alle zwei Jahre an einem Sa. statt, nächster Termin im Sommer 2003 (Ende Juni/Anfang Juli).
- ! Nähere Angaben bitte der Tagespresse entnehmen!
- Unterschiedlich

www.muenchen.de

Winter-TollWood
Theresienwiese
80336 München
☎ 0700-38385024

- Kostenloser Zutritt zu verschiedenen Veranstaltungen des Winterfestivals im ganzen Dezember auf der Theresienwiese!
- ! Genügend Zeit für den Bummel über den großen Weihnachtsmarkt reservieren! Nähere Informationen und Tickets unter obiger Nummer (0,12 €/Min.)!
- Mo.-Fr. 14-24 Uhr, Sa., So. 11-24 Uhr

www.tollwood.de

München-Nord

Seidlvilla
Nikolaiplatz 1 b
80802 München
☎ 089/333139

- Verschiedenste Veranstaltungen, Ausstellungen, Konzerte für alle Altersgruppen. Die Seidlvilla als 'das Haus für Schwabing' beherbergt viele Vereine und Selbsthilfe-Initiativen.
- ! Seidlvilla-Sommerfest im Juni!

Sommer-TollWood
Olympiapark-Süd
80809 München
☎ 0700-38385024

- Freier Zutritt zu: Markt der Ideen, Freilichtbühnen, Kinderparadies, Kunstperformance im Rahmen des großen und sehr beliebten Sommer- Kulturfestivals (Dauer ca. 3 Wochen ab Mitte/Ende Juni).
- ! Nähere Informationen und Tickets unter obiger Nummer (0,12 €/Min.)!
- Mo.-Fr. 14-1 Uhr, Sa., So. 11-1 Uhr

www.tollwood.de

München-Nord

StuStaCulum
Christoph-Probst-Str. 12
80805 München
☎ 089/38196277

- Sehr günstiger Eintritt (€ 2,- für das gesamte Wochenende) zu Deutschlands größtem studentischen Theater- und Musikfestival im Juni. In der Studentenstadt Freimann treten Musiker, Theaterensembles, Kabarettgruppen, Comedy-Acts, Zauberer und Akrobaten auf.
- ! Sehr vielfältiges Sommerspektakel mit verschiedenen Schlemmer- und Schmuckbuden!

www.stustaculum.de

München-West

Free + Easy Festival
Friedenheimer Brücke 7
80639 München
☎ 089/1266100

- Im New Backstage findet im September ein 14-tägiges Festival (Konzerte, Parties, Kabarett, Kino) mit freiem Eintritt statt.

www.backstage089.de

Konzerte im Steinway-Haus
Landsberger Str. 336
80687 München
☎ 089/546797-0

- Von September bis Mai finden bei freiem Eintritt im Musiksaal Klavier-Konzerte statt.
- ! Telefonische Anmeldung unbedingt erforderlich! Spenden für die Pianisten erwünscht!
- Konzertbeginn um 20 Uhr

www.steinway-muenchen.de

München-Süd

Feierwerk-Festival
Hansastr. 39-41
81373 München
☎ 089/72488444

- Großes kostenloses Kulturfestival im Juli (10-tägig) mit Musik, Theater, Kabarett und Kino. Es gibt mehrere Bühnen und Zelte - daneben Kunst- und Kunsthandwerkstätten sowie Biergarten, Cafés und Imbißstände.
- ! Rechtzeitig vor Veranstaltungsbeginn erscheinen! Räkeln in den Strandkörben, dem kultigen Markenzeichen des Feierwerk-Festivals! Achtung: evtl. geänderter Veranstaltungsort ab 2003!
- Beginn jeweils ab 18 Uhr, genaue Termine dem Programm entnehmen!

www.feierwerk.de

München-Süd

Orgelkonzerte Andreaskirche
Walliser Str. 11
81475 München
☎ 089/7451590

🛈 In der Regel findet jeden dritten So. im Monat eine Orgelmatinee statt.

🕘 Konzertbeginn um 11.15 Uhr

München-Ost

Bücher Treff mit Jessica Schmitz
Rosenheimer Str. 5
81667 München
☎ 089/48098-338

🛈 Jugendliche bis 16 Jahren diskutieren in einer festen Gruppe über Literatur in der Kinder- und Jugendbibliothek des Gasteig - keine Gebühr.

! Unbedingt vorherige Anmeldung unter der Telefonnummer erforderlich!

🕘 Termine jeweils nachmittags außerhalb der Ferien

Comicfest München
Praterinsel
81667 München

🛈 Ab 2003 alle zwei Jahre im September stattfindende mehrtägige Veranstaltung auf der Praterinsel.

www.comicfest.de

Fun-For-Free-Konzerte
Zellstr. 4
81667 München
☎ 089/45875000

🛈 Die Muffathalle veranstaltet mehrmals im Jahr kostenlose Rockkonzerte (zu unregelmäßigen Terminen).

! Informationen zum nächsten Konzerttermin unter der Telefonnummer und im Internet!

www.muffathalle.de

Münchner Bücherschau
Rosenheimer Str. 5
81667 München
☎ 089/29194241

🛈 Kostenloser Zutritt zu rund 200 Verlagsständen im Gasteig mit Neuerscheinungen, Best- und Longsellern - jährlich 2,5 Wochen im November.

🕘 Täglich 8-23.30 Uhr

www.buchhandel-bayern.de

4.8 Konzerte u. Veranstaltungen zum Nulltarif

München-Ost

Münchner Filmfest
Rosenheimer Str. 5
81667 München

🛈 Im Rahmen des Filmfests (jährlich acht Tage Ende Juni/ Anfang Juli, Beginn jeweils freitags) kostenloser Zutritt zur begleitenden Ausstellung im ersten Stock des Kulturzentrums Gasteig sowie zum Open-Air-Kino im Eingangsbereich.

! An lauen Sommerabenden ist der Platz vor dem Eingang (mit Gastronomie) eine sehr gern aufgesuchte Location!

www.filmfest-muenchen.de

Richard-Strauss-Konservatorium
Rosenheimer Str. 5
81667 München
☎ 089/48098-415

🛈 Im Kleinen Konzertsaal des Gasteig finden während der Semesterzeit unter der Woche regelmäßig kostenlose Klassik-Konzerte der Instrumentalklasse statt.

! Nähere Informationen unter der Telefonnummer oder im Internet!

🕘 Mittagsmusik um 13.15 Uhr, Ladenschluß-Konzerte um 18.15 Uhr, Nachtkonzerte um 22.30 Uhr.

www.gasteig.de

4.9 Open-Air-Ereignisse zum Nulltarif

München-Mitte

Ander Art
Odeonsplatz
80333 München

🛈 Fest der Kulturen mit Musik- und Tanzprogramm auf mehreren Bühnen - freier Eintritt!

! Findet am 2. Wies'n-Samstag (Ende September) statt!

🕘 12-21 Uhr

Christopher Street Day
Marienplatz
80335 München

🛈 Fest der Münchner Schwulen und Lesben mit verschiedenen Darbietungen auf dem Marienplatz an einem Wochenende in der letzten Juni-Dekade.

🕘 14-22 Uhr

www.csd-munich.de

München-Mitte

Europatag-Fest
Marienplatz
80331 München

Jährlich Anfang Mai stattfindendes Fest (Information, Unterhaltung) zum Europatag, das die Europa-Union veranstaltet.

15.30-20 Uhr

www.europa-union-muenchen.de

Happy-Family-Fest
Theresienwiese
80336 München
☎ 08165/780

Jährlich an einem Sa. Anfang Juli stattfindendes großes Familienfest mit vielen Attraktionen, das von der Rewe-Handelsgruppe veranstaltet wird. Dabei auch supergünstige Angebote sowie Essen und Trinken zu Mini-Preisen!

! Gratis Programmheft mit Gewinncoupon gibt es bei allen HL-, miniMAL- und Rewe-Supermärkten!

10-20 Uhr

Kocherlball
Englischer Garten 3
80538 München
☎ 089/38387327

Kostenloser Zutritt zum Kocherlball (traditioneller Ball der Münchner Hausbediensteten) beim Chinesischen Turm am dritten So. im Juli.

! Platzreservierung unter obiger Nummer erbeten. Ausweichtermin bei Regen eine Woche später!

Ballbeginn um 6 Uhr (!)

Münchner Bladenight
Sophienstr.
80333 München

Von Mai bis September bewegen sich Inline-Skater und Rollschuhfahrer jeweils am Montagabend auf unterschiedlichen autofreien Routen durch die Stadt.

Treffpunkt um 19 Uhr hinter dem Alten Botanischen Garten!

www.muenchner-blade-night.de

Oper für alle
Max-Joseph-Platz
80333 München

Audiovisuelle Live-Übertragung aus dem Nationaltheater auf Groß-Videoleinwand während der Münchner Opern-Festspiele im Juli.

Abendveranstaltung

Sommerfest der Pinakotheken
Barer Str./Ecke Theresienstr.
80333 München

Freier Zutritt zum stilvollen Sommerfest auf dem Skulpturengarten zwischen Alter und Neuer Pinakothek mit Performances und Konzerten. Termin an einem Do. Anfang August!

! Eigenes Picknick mitbringen!

18-22 Uhr

4.9 Open-Air-Ereignisse zum Nulltarif

München-Mitte

Tanzveranstaltungen Praterinsel Innenhof
Praterinsel 3-4
80538 München
☎ 089/29160875

🛈 Mitte Juli - Mitte August Tango-Montage (mehr Infos unter 089/4807149 oder www.tango-maldito.de), am Di. Salsa-Nächte (mehr Infos unter 089/494888 oder www.circulo.de).

🕘 Jeweils ab 20 Uhr

TUNIX-Festival
Arcisstr. 17
80333 München
☎ 089/289-22990

🛈 Kostenloses, mehrtägiges Sommerfest der Studentenvertretung der TU im Park hinter der Glyptothek mit Musik, Theater, Kleinkünstlern, Kabarettisten. Termin im Juni.

! Nähere Auskünfte zum Programm im Internet! Weiteres Sommer-Festival: GARNIX in Garching

www.tunix.de

München-Nord

Alt-Schwabinger Wirtefest
Rund um den Wedekindplatz
80802 München
☎ 089/34089927

🛈 Kostenloser Zutritt zum traditionellen großen Straßenfest der Wirte mit verschiedenen Bands an einem Sa. Ende Juli.

! Nähere Informationen zum Termin unter der Telefonnummer!

Amphitheater im Englischen Garten
Crailsheimstr. (Zugang)
80805 München
☎ 089/989388

🛈 Kostenlose Theateraufführungen im Freien im ruhigeren Nordteil des Englischen Gartens.

! Sitzkissen und Picknick, für den Rückweg Taschenlampe mitnehmen! Bei Regen entfallen die Vorstellungen.

🕘 Spielbeginn bei Einbruch der Dämmerung (zwischen 20.30 und 21 Uhr)

www.muenchner-sommertheater.de

Carillon-Konzerte im Olympiapark
Coubertinplatz
80809 München

🛈 Konzerte auf dem großen Olympiaglockenspiel zu unregelmäßigen Zeiten statt.

! Nähere Informationen im Programmheft des Olympiaparks!

🕘 So., Fei. jeweils um 11 Uhr

München-Nord

Münchner Musiksommer Theatron
Coubertinplatz
(Olympiapark)
80809 München

- Im ganzen August freier Eintritt zu den Theatron-Konzerten mit Musik von Rock über Liedermacher, Ethno und Jazz bis Klassik.
- Täglich ab 19.30 Uhr
- www.theatron.de

Münchner Universitäts-Ruderregatta
Coubertinplatz
(Olympiapark)
80809 München

- Kostenloser Zutritt zur Olympiasee-Regatta Anfang Juli, bei der Ruderer der Universität und der TU vertreten sind.
- ! Nähere Informationen bei der Universität München (089/2180-0).
- www.sp.tum.de

NBA Basketball Challenge
Coubertinplatz
(Olympiapark)
80809 München

- Kostenloser Zutritt zu den Wettkämpfen an einem Wochenende im Juni mit Rahmenprogramm am Coubertinplatz.
- www.olympiapark.de

Open Air am Lerchenauer See
Lasallestr. 111
80995 München
☎ 089/1501119

- Bereits traditonelles Rock Open-Air im Münchner Norden an einem Sa. Mitte Juli.
- 16-23 Uhr

Pfingstfestival im Theatron
Coubertinplatz
(Olympiapark)
80809 München

- Kostenloses dreitägiges Live-Musik-Festival (abseits der Charts) - freier Eintritt.
- www.theatron.de

Schifferstechen
Coubertinplatz
(Olympiapark)
80809 München

- Kostenloser Zutritt zu den Wettkämpfen, die alljährlich im Olympiasee an einem Wochenende im August stattfinden.
- www.olympiapark.de

4.9 Open-Air-Ereignisse zum Nulltarif

München-West

Serenade mit Nymphenburger Männerchor
Schloß Nymphenburg
80638 München
☎ 089/3137446

🛈 Die Veranstaltung findet am letzten So. vor den Schulferien im Juli vor der Amalienburg statt.

🕘 Beginn um 17 Uhr

Serenade vor der Badenburg
Schloß Nymphenburg
80638 München

🛈 Freier Eintritt zum Klassik-Konzert des Jugendkulturwerks vor der Badenburg im Nymphenburger Schloßpark Mitte Juli (Mi.). Bei Schlechtwetter findet das Konzert um 19 Uhr in der Aula der Maria-Ward-Schule statt.

! Sitzgelegenheit und Picknick mitnehmen - am Ufer des Sees herrscht eine besonders reizvolle Atmosphäre!

🕘 Konzertbeginn um 18 Uhr

München-Süd

Internationales Sommerfest des Ausländer-beirates
Westpark
81377 München

🛈 Freier Eintritt zum Festplatz auf der Spielwiese am See, nahe dem Rosengarten. Es treten auf der großen Bühne Tanz- und Musikgruppen aus allen Teilen der Erde auf. Termin: So., Anfang Juli.

🕘 12-20 Uhr

Tag der offenen Tür Großmarkthalle
Thalkirchner Str. 81
81371 München

🛈 Viele optische, akustische und kulinarische Attraktionen im Freien an einem So. im Juli.

🕘 9.30-16.30 Uhr

www.grossmarkthalle-muenchen.de

Theatron im Westpark
Westendstr. (Eingang)
81377 München
☎ 089/72488444

🛈 Im Sommer unregelmäßig jeweils am So. stattfindende kostenlose Konzerte, die u.a. vom Feierwerk organisiert werden (z.B. Rock, Jazz).

🕘 Konzertbeginn nachmittags

www.feierwerk.de

München-Ost

Dallmayr-Renntag
Galopprennbahn Riem
81829 München
☎ 089/21350

🛈 Am ersten Augustsonntag stattfindende traditionelle Veranstaltung mit Gratis-Tombola sowie buntem Rahmenprogramm für Kinder.

! Gratis-Eintrittskarten gibt es bei Dallmayr in der Dienerstr.

Friedensengel-Fest
Nähe Europaplatz
81675 München
☎ 089/474209

🛈 Mitte Juli wird immer auf der Anlage vom Förderkreis Friedensengel ein großes Fest veranstaltet.

McDonald's Renntag
Rennbahnstr.
81929 München
☎ 089/785940

🛈 Großer Familientag im Juli auf der Trabrennbahn in Daglfing mit vielfältigem Rahmenprogramm (u.a. Prominentenrennen zugunsten der 'Ronald McDonald Kinderhilfe', Sulkyfahren, Stallführungen).

! Termin telefonisch ermitteln!

München-Region

Familientag des Sports
Regattastrecke Oberschleißheim
85764 Oberschleißheim
☎ 089/21660

🛈 Freier Zutritt am 1.5. zu den von Sport Scheck präsentierten Aktionen und Attraktionen zum Zuschauen und Mitmachen.

! Kostenlose Pendelbusse zwischen S-Bahnhof Oberschleißheim (S 1) und der Ruderregattastrecke.

🕘 Beginn ab 9.30 Uhr

www.sportscheck.com

Kulturfest Gräfelfing
Paul-Diehl-Park
82166 Gräfelfing

🛈 Freier Eintritt zum mehrtägigen, traditionellen Musik- und Kleinkunstfestival im Grünen Ende Juli.

🕘 ab 17 Uhr

www.kulturfestival.de

4.10 Sport zum Nulltarif

München-Mitte

Boule
Galeriestr.
80539 München

🛈 Im Nordteil des Hofgartens treffen sich häufig Boule-Spieler in der Nähe der Arkaden (parallel zur Galeriestr.).

! Sehr reizvolle Atmosphäre vor der einmaligen Stadt-Silhouette auch für Zuseher!

München-Nord

Bezirkssportanlagen

🛈 Ganzjährig kostenloser Zugang außer So., Mo., Fei. Je nach Anlage möglich: Fußball, Basketball, Leichtathletik, Stockschießen, Tischtennis, Volleyball. Anlagen in München-Nord: Bauernfeindstr. 19 (089/3227407), Ebereschenstr. 15 (089/3513691), Grohmannstr. 63 (089/3133033), Guerickestr. 6 (089/3613780), Prof.-Eichmann-Str. 11 (089/8122778), Wegenerstr. 8 (089/3117087).

! Möglichkeit der Ausleihe von Sportgeräten gegen Lichtbildausweis!

🕘 Unterschiedlich, Auskünfte beim Sportamt unter 089/233-8751 und 089/233-5583

Gymnastik im Luitpoldpark
Nähe Bamberger Haus
80804 München
☎ 089/233-28715

🛈 Von Mai bis September täglich wechselndes Programm ohne Anmeldung.

🕘 18.30-19.15 Uhr

! Angebot entfällt bei Regen!

Inline-Skate- und Skateboard-Anlage
Olympiapark
80809 München

🛈 Zwei Anlagen (Lovelock-Weg und Lilian-Board-Weg) mit verschiedenen Trainingselementen (Quarterpipe, Spine-ramp, Curbs).

Volleyball-Sport Luitpoldpark
Nähe Bamberger Haus
80804 München

🛈 Kostenlose Trainings- und Spielmöglichkeiten für alle Volleyball-Fans zwischen Mai und September.

🕘 Mo., Do. 17.30-20 Uhr

München-West

Bezirkssport-anlagen

🛈 Ganzjährig kostenloser Zugang außer So., Mo., Fei. Je nach Anlage möglich: Fußball, Leichtathletik, Basketball, Stockschießen, Tischtennis, Volleyball. Anlagen in München-West: Kronwinkler Str. 25 (089/8632789), Meyerbeerstr. 115 (089/8111362), Agnes-Bernauer-Str. 239 (089/833218).

! Möglichkeit der Ausleihe von Sportgeräten gegen Lichtbildausweis!

🕘 Unterschiedlich, Auskunft auch im Sportamt unter 089/233-8751 und 089/233-5583

Inline-Skate- und Skateboard-Anlage
Hirschgarten
80639 München

🛈 Kostenlose Nutzung verschiedener Trainingselemente (Quarterpipe, Spine-ramp, Curbs usw.).

München-Süd

Gymnastik im Westpark
Große Drachenwiese
81373 München
☎ 089/233-28715

🛈 Mai bis September täglich wechselndes Programm im Westteil, Nähe Bayerwaldhaus (Fitnesstraining, Aerobic, Wirbelsäulengymnastik, Stretching, Entspannung usw.) ohne Anmeldung.

! Bei Regen muß die Stunde ausfallen.

🕘 Täglich von 17.45-18.30 Uhr

Inline-Skate- und Skateboard-Anlage
Wackersberger Str.
81371 München

🛈 Am Neuhofener Berg befindet sich eine Anlage mit verschiedenen Trainingselementen (Quarterpipe, Spine-ramp, Curbs usw.).

4.10 Sport zum Nulltarif

München-Süd

Bezirkssport-anlagen

🛈 Ganzjährig kostenloser Zutritt außer So., Mo. und Fei. Je nach Anlage möglich: Fußball, Leichtathletik, Basketball, Stockschießen, Tischtennis, Volleyball. Anlagen in München-Süd: Agilolfingerstr. 6 (089/65669), Demleitnerstr. 2 (089/762187), Dietramszeller Str. 9 (089/7232305), Görzer Str. 55 (089/6891034), Graubündener Str. 100 (089/754601), Herterichstr. 141 (089/799271), Siegenburger Str. 51 (089/7605835), Surheimer Weg 3 (089/781447), Wolkerweg 17 (089/701202), Ludwig-Hunger-Str. 11 (089/704644).

! Möglichkeit der Ausleihe von Sportgeräten gegen Lichtbildausweis!

🕒 Unterschiedlich, Auskunft auch im Sportamt unter 089/233-8751 und 089/233-5583

Volleyball-Sport Westpark

Nähe Bayerwaldhaus
81373 München

🛈 Kostenlose Trainings- und Spielmöglichkeiten für alle Volleyball-Fans zwischen Mai und September.

🕒 Mo., Di. 17.30-20 Uhr

München-Ost

Bezirkssport-anlagen

🛈 Ganzjährig kostenloser Zugang außer So., Mo., Fei. Je nach Anlage möglich: Fußball, Leichtathletik, Basketball, Beachvolleyball, Stockschießen, Tischtennis, Volleyball. Anlagen in München-Ost: Bert-Brecht-Allee 17 (089/6707711), Feldbergstr. 65 (089/4392544), Fritz-Lutz-Str. 23 (089/9303333), Görzer Str. 55 (089/6891034), Heinrich-Wieland-Str. 100 (089/433609), Krehlebogen 15 (089/677692), Westpreußenstr. 60 (089/931246).

! Möglichkeit der Ausleihe von Sportgeräten gegen Lichtbildausweis!

🕒 Unterschiedlich, Auskünfte auch beim Sportamt unter 089/233-8751 und 089/233-5583

München-Mitte

Frühlingsfest
Bavariaring
80336 München

🛈 Zwei Familientage mit ermäßigten Preisen auf dem 16-tägigen Frühlingsfest Ende April/Anfang Mai, jeweils Di. von 11-19 Uhr. Ladies Night am ersten Mo. mit vergünstigten Preisen bei vielen Schaustellern!

! Riesiger Flohmarkt am ersten Sa. des Frühlingsfestes. Feuerwerk jeweils freitags!

🕘 11-23 Uhr

Oktoberfest
Bavariaring
80336 München

🛈 Zwei Familientage jeweils dienstags von 12-18 Uhr mit reduzierten Fahr-, Eintritts- und Imbisspreisen auf dem 16-tägigen Oktoberfest (endet immer am ersten Oktoberwochenende).

! Konzert der Wies'n-Kapellen vor der Bavaria am Vormittag des zweiten So.!

🕘 12-23 Uhr

www.oktoberfest.de

München-Nord

Olympiapark Sommerfest
Coubertinplatz
80809 München

🛈 Zwei Mittwoch-Familientage mit reduzierten Preisen auf dem großen zweieinhalbwöchigen August-Sommerfest.

! An zwei Do. findet jeweils ein sehr attraktives See-Feuerwerk statt (Beginn um ca. 22 Uhr)!

🕘 12-23 Uhr

www.olympiapark.de

München-West

Magdalenenfest
Königbauerstr.
80639 München

🛈 Familiennachmittag des Magdalenenfests im Hirschgarten, das eine Woche jährlich Mitte Juli stattfindet, mit ermäßigten Preisen immer am Mi.-Nachmittag.

🕘 10-22 Uhr

München-Süd

Little Oktoberfest
Lincolnstr.
81549 München
☎ 089/15919143

🛈 Familiennachmittag im Rahmen des deutsch-amerikanischen Volksfestes (jährlich Anfang Juli) mit ermäßigten Preisen am Mi.

! Feuerwerk immer am 4.7.!

www.littleoktoberfest.de

München-Ost

Perlacher Festwoche
Hanns-Seidel-Platz
81739 München

🛈 10 Tage dauerndes Volksfest Mitte März (Beginn an einem Fr.). An Werktagen von 14-17 Uhr ermäßigter Mittagstisch mit Getränken und Speisen. Familien- und Kindernachmittag am Mi. ermäßigt von 14-17 Uhr!

München-Region

Dachauer Volksfest
Ludwig-Thoma-Wiese
85221 Dachau

🛈 10 Tage dauerndes Volksfest mit Beginn Mitte August (jeweils an einem Sa.) mit überregional bekannten sehr niedrigen Bierpreisen. Familientag immer am letzten Mo.-Nachmittag.

! Alle zwei Jahre zur Eröffnung ein Kinderfestzug! In der Regel am Do. Feuerwerk!

www.dachau.de

Karlsfelder Siedlerfest
Hochstr.
85757 Karlsfeld
☎ 08131/990

🛈 Kindernachmittag des Karlsfelder Siedlerfestes, das immer Ende Juni/Anfang Juli stattfindet, mit ermäßigten Preisen.

! Das eindrucksvolle See-Feuerwerk nicht verpassen!

🕘 12-23 Uhr

www.karlsfeld.de

---

5 Sonstige Schnäppchen-Tipps

München-Mitte

Augusten Leihhaus
Altheimer Eck 7
80331 München
☎ 089/26022124

- Versteigerung von Schmuck, Uhren und anderen Pfändern mehrmals im Jahr im Intercity Hotel, Bayerstr. 10 (Konferenzsaal).
- Unregelmäßige Termine, jeweils Sa. ab 9.30 Uhr, Besichtigung ab 9 Uhr. Nächsten Termin telefonisch erfragen!

Grüne's Leihhäuser
Häberlstr. 11
80337 München
☎ 089/531216

- Jeden Di. und Do. öffentliche Versteigerung in der MTV-Sporthalle (siehe Adresse). Details über die aktuelle Versteigerung vorher telefonisch erfragen bzw. im Internet ermitteln!
- 8-9 Uhr Besichtigung, 9 Uhr Versteigerung

www.leihhaus.de

Käfer's Leihhaus
Bayerstr. 35
80335 München
☎ 089/54505717

- Öffentliche Versteigerung im Intercity-Hotel, Bayerstr. 10, jeweils samstags.
- ! Jeweils Besichtigung 10 Uhr, Versteigerung 11 Uhr

www.kaefers-leihhaus.de

Leihhaus am Goetheplatz
Häberlstr. 11
80337 München
☎ 089/766292

- Öffentliche Versteigerung in der MTV-Sporthalle (siehe Adresse).
- Unregelmäßige Termine, Details über die aktuelle Versteigerung vorher telefonisch erfragen!

www.leihhaus-am-goetheplatz.de

Leihhäuser Max Walter
Häberlstr. 11
80337 München
☎ 089/486993

- Öffentliche Versteigerung in der MTV-Sporthalle (siehe Adresse).
- Jeweils 8 Uhr Besichtigung, 9 Uhr Versteigerung. Unter der Telefonnummer die nächsten Termine erfragen!

www.leihhaus-walther.de

Pfandleihhaus Schillerstr.
Schillerstr. 5
80336 München
☎ 089/596765

- Öffentliche Versteigerung in der Schillerstr. 5.
- Unregelmäßige Termine, Details über die aktuelle Versteigerung vorher telefonisch erfragen!

München-Nord

Pfandverwertungsstelle
Winzererstr. 47 a
80797 München
☎ 089/3065-0

- ❶ Versteigerung von Gebrauchsgegenständen aus Büro und Haushalt in der Pfandverwertungsstelle des Münchner Zentralfinanzamtes.
- ! Unregelmäßige Termine, Versteigerungsplan unter der Telefonnummer erfragen und im Internet! Kfz werden in der Thomas-Hauser-Str. 19 und in der Truderinger Str. 259 versteigert!

  www.finanzamt-muenchen-zentral.de

München-Süd

Städtisches Fundbüro
Ötztaler Str. 17
81373 München
☎ 089/233-45901 oder -45908

- ! Versteigerung nicht abgeholter Fundgegenstände wie Lederwaren, Hüte, Schmuck, Bücher, Photoapparate, Brillen, Uhren oder Bekleidung.
- ◷ Zwei Termine pro Jahr! Nächste Versteigerung unter der Telefonnummer erfragen!

Städtischer Fahrradkeller
Ötztaler Str. 17
81373 München
☎ 089/233-45901

- ❶ Versteigerung von gebrauchten Fahrrädern, die in München gefunden worden sind. Unter der Telefonnummer (Di. 8.30-12 Uhr) den Zeitpunkt der nächsten Versteigerung erfragen!
- ◷ Zwei Termine pro Jahr!

München-Ost

Pfandleihhaus für Kraftfahrzeuge
Wasserburger Landstr. 149
81827 München
☎ 089/45301944

- ❶ Pkw, Lkw, Anhänger, Omnibusse, Wohnmobile, Motorräder, Baumaschinen, Boote usw.
- ! Der nächste Versteigerungstermin ist auch der Rubrik »Bekanntmachungen« in der SZ zu entnehmen!

München-West

GebrauchtWaren-haus diakonia
Landshuter Allee 38
80637 München
☎ 089/121595-15

Preiswerte Artikel für alle Lebenslagen. Lieferung größerer Gegenstände frei Haus. Kücheninstallation ist möglich. Funktionsfähige Kühlschränke und Waschmaschinen gegen kostenlose Abholung.

Mo-Fr. 10-18 Uhr, Sa. 10-14 Uhr

Zweitkauf
Landsbergerstr. 444
81241 München
☎ 089/8894930

Kaufhaus für gebrauchte Waren mit einem breiten Sortiment.

Di.-Fr. 10-18 Uhr

München-Süd

Gebrauchtwaren-haus der Stadt München
Halle 2

Sachsenstr. 25
81543 München
☎ 089/233-331-200

Sehr breites Warensortiment; es stammt von den Münchner Wertstoffhöfen.

Di.-Fr. 13-18 Uhr, Sa. 9-14 Uhr

München-Mitte

tz, Münchener Zeitungs-Verlag
Paul-Heyse-Str. 4
80336 München

- Do. kostenlose private Kleinanzeigen in der tz für Artikel bis € 50,- (FUNDGRUBE unter der Rubrik 'Wühltisch'). Es können bis zu drei private Gelegenheitsanzeigen je Woche und Haushalt kostenlos gedruckt werden.
- ! Gleiches Angebot für ‚Kinderkram' (Hits für Kids) ohne Preisbegrenzung! Bitte zur Anzeigenformulierung jeweils ausschließlich den Original-Coupon in der tz am Do. verwenden!

München-Ost

Haus der Eigenarbeit
Wörthstr. 42 Rgb.
81667 München
☎ 089/4480623

- Offene Kultur- u. Freizeitwerkstätten für Holz, Metall, Textilien, Papier u. Steine, Keramik, Schmuck, Polsterung. Mäßige Preise für Werkstattnutzung, bes. bei 10-Std.-Karte; Betreuung vorhanden. Daneben Werkstattkurse mit maximal 7 Teilnehmer/innen.
- ! Schrottcafé im Eingangsbereich!
- Werkstätten Di.- Fr. 14-21 Uhr, Sa. 11-18 Uhr

www.hei-muenchen.de

München-Pass
Orleansplatz 11
81667 München
☎ 089/233-22639

- Der München-Pass berechtigt zu einer Reihe von Verbilligungen beim Besuch verschiedener Einrichtungen (z.B. MVV, Schwimmbäder, Sportstätten, Museen, Volkshochschule, Tierpark Hellabrunn, auch Theater, Kinos etc.).
- ! Neben Geringverdienern (auch Grundwehr-, Zivildienst- und Soziales-Jahr-Leistende) können alle Arbeitslosen, die Arbeitslosengeld, -hilfe oder Sozialhilfe beziehen, den München-Pass beim Sozialamt beantragen. Einkommensgrenze beachten!

www.muenchen.de/referat/sozial

München-Region

Kurz & Fündig
Quoka Verlag

68620 Lampertheim
☎ 0180/5556611

- Schaltung kostenloser privater Kleinanzeigen bis zu 250 Zeichen. Online-Annahme oder per Telefon (€ 0,12/Min.).

www.kurzfuendig.de

Anbieter-Register

A

B

C

D

E

F

G

N

O

P

R

S

T

U

V

W